AF458210

8°R
28107

Dom P. ANGER

LE COLLÈGE DE CLUNY

FONDÉ A PARIS
DANS LE VOISINAGE DE LA SORBONNE
ET DANS LE
RESSORT DE L'UNIVERSITÉ

PARIS
AUGUSTE PICARD, ÉDITEUR
82, RUE BONAPARTE

1916

LE COLLÈGE DE CLUNY

RF

8° R

28.107

Nihil obstat

DOM DU BOURG

PRIEUR DE SAINTE-MARIE

Dom P. ANGER

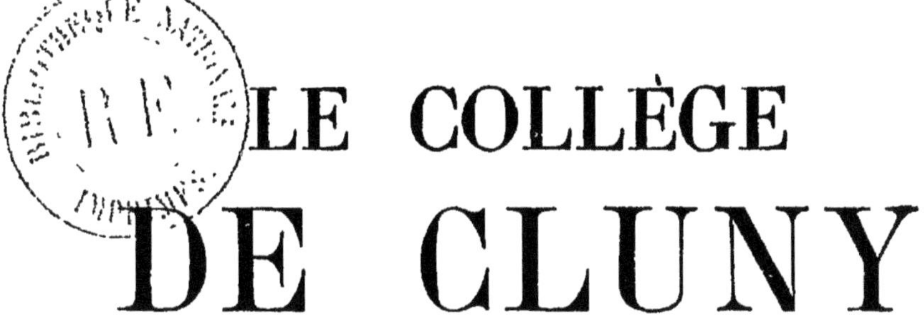

LE COLLÈGE DE CLUNY

FONDÉ A PARIS
DANS LE VOISINAGE DE LA SORBONNE
ET DANS LE
RESSORT DE L'UNIVERSITÉ

PARIS
AUGUSTE PICARD, ÉDITEUR
82, RUE BONAPARTE

1916

MANUSCRITS

BIBLIOTHÈQUE DU PALAIS BOURBON

CHAPITRES GÉNÉRAUX DE CLUNY.

B 89.

N. 101, t. VIII,	an. 1259-1311.	N. 105, t. XII,	an. 1393-1409.
N. 102, t. IX,	» 1312-1336.	N. 106, t. XIII,	» 1410-1479
N. 103, t. X,	» 1337-1368.	N. 115, t. XXII,	» 1259-1314.
N. 104, t. XI,	» 1369-1392.	N. 116, t. XXIII,	» 1315-1356.

BIBLIOTHÈQUE DE L'ARSENAL

CHAPITRES GÉNÉRAUX DE CLUNY.

Ms. 777, an. 1393-1446.
» 778, » 1449-1627.
Ms. f. 2258.
Ms. f. de la Bastille, n° 10224.
Ms. lat. 1158 et 990-991.

ARCHIVES NATIONALES

L. 815, 869, 873.
G^9. 26.
H^3. 3617 ; H^3 3626ˣ.
LL. 1334, 1337, 1350.
M. 715.
S. 1445, 6415.
X^{1a}. 58, fol. 269.

BIBLIOTHÈQUE NATIONALE

Ms. lat., Nouv. acquisit. 1501.
» » » 2319. Statuts 1508 et 1578.
» » » 2263.
» » » 2277. Visite de 1386.
Ms. latin 9879.
Ms. f., Nouv. acquisit. 2696, 13.857, 13.860, 15.721, 17.669, 17.670 et 17.671.

IMPRIMES

Bibliotheca Cluniacensis, in folio.

Cartulaire de Notre-Dame de Paris.

Cartulaire de l'Université de Paris, par H. DENIFLE et E. CHATELAIN. — In-4°, édit. Delalain.

DOUAIS, ABBÉ. — *Statuts de Cluny*, édictés par Bertrand, abbé de Cluny, le 23 avril, 1301, extraits du *Bulletin historique et philologique du Comité des travaux historiques et scientifiques*, n° 4, 1892. — Paris, Ernest Leroux, éditeur, 28, rue Bonaparte, 1893.

P. PÉRET, ABBÉ. — *La Faculté de théologie de Paris, au Moyen-Age.* — 3 vol. in-8°, 1895, édit. A. Picard, 82, rue Bonaparte.

FRANKLIN. — *Les anciennes Bibliothèques de Paris.*

JOURDAIN. — *Index chronologicus chartarum pertinentium ad historiam Universitatis Parisiensis*, Paris, 1862.

A. LUCHAIRE. — *Université de Paris, sous Philippe-Auguste.* — In-8°, 1899.

PRENTOUT, H. — *La Vie des étudiants au XVIe siècle.* In-8°, Henri Desliques, 1905, Caen.

RAUNIÉ. — *Histoire générale de Paris, épitaphier du Vieux Paris*, t. III, 117-143.

ROCHER, ABBÉ. — *Abbaye royale de Saint-Benoît-sur-Loire.* In-8°, édit., Georges Jacob, Orléans, 1865.

INTRODUCTION

La bibliothèque du Palais-Bourbon compte parmi les précieux documents qu'elle possède de nombreux manuscrits fort intéressants pour l'histoire religieuse du moyen-âge. Ils nous donnent presque chaque année un fidèle tableau de ce qui se passait aux Chapitres généraux de Cluny. On est parfois étonné de voir les plus belles actions laconiquement qualifiées et les méfaits exposés, avec les moindres détails, à la juste critique des générations, des siècles, du monde religieux et profane. Comme nous avons eu occasion de le dire ailleurs, les solonnelles assises Clunysiennes avaient pour but de stigmatiser le vice, en le montrant dans toute sa laideur, de paralyser ses funestes effets en refusant à ses victimes une noble considération qu'elles ne méritaient plus. Si nous avons peiné pendant de longs mois pour prendre copie de cette riche collection, que nous avons complétée avec les manuscrits des Archives nationales et de la Bibliothèque de l'Arsenal, nous nous félicitons de posséder aujourd'hui une mine de renseignements que nous pouvons consulter sur les questions les plus variées. Elle nous a largement servi pour cette étude concernant le collège que les Bénédictins de Cluny avaient à Paris.

Vers 1262, nous voyons l'Abbé Général, Yves de Vergy, dans la capitale. Animé de l'esprit de Dieu, soucieux du bien de son ordre, encouragé par de royales promesses, il organise à côté de la Sorbonne, dans le quartier de l'Université, une maison d'é tudes pour ses religieux qui s'adonneraient avec ferveur au culte de la vertu, tout en scrutant les mystères des sciences théologiques. Comme il souhaite que cet institut devienne un centre, un foyer de saines lumières pour ses enfants si nombreux et si célèbres dans le monde ! L'avenir nous dira si ses vœux furent pleinement exaucés !

Pour encourager le travail rien ne fut négligé. Chaque semaine, on fait subir un examen aux élèves pour contrôler leurs efforts et leurs progrès ; on demande aux anciens, aux plus savants d'aider les plus jeunes en leur expliquant les difficultés qu'ils peuvent rencontrer. Partout on parle le latin, même pendant les récréations. Si les bonnes volontés fléchissent, des sanctions viennent réveiller le zèle. on serait tenté de les considérer comme excessives. Si quelqu'un néglige d'assister à un cours, il ne reçoit aucune nourriture, le midi et le soir, s'il fait trop de bruit en prenant sa récréation, il est condamné au pain et à l'eau. Un élève arrive en retard au réfectoire, si le repas est terminé, il n'a droit à rien, s'il est à moitié couru, il savoure la nourriture qui est servie après son arrivée. Mais voici qui est plus extraordinaire : un prêtre n'a pas célébré la messe, un clerc n'a pas communié une fois la semaine, tous les deux ne reçoivent rien pour leur nourriture pendant huit jours ! on se demande comment on pouvait supporter ce régime de famine.

La concorde ne régnait pas toujours entre les élèves, entre les anciens et les nouveaux, les becs-jaunes, *qui se trouvaient sans doute parfois exposés à de malicieuses brimades. Les premiers prétendaient avoir seuls droit aux suppléments de pension que payaient les prieurs n'envoyant pas d'élèves. Comme leurs confrères réclamaient assez vivement, on leur refusa le pain, le sel et les autres provisions, on leur interdit l'accès des cuisines, on défendit aux serviteurs de préparer leur nourriture.*

En 1386, l'anarchie la plus complète semble régner au collège de Cluny ; les élèves n'écoutent plus les avis et les réprimandes des supérieurs. Quand on les interroge sur leurs études, les cours qu'ils suivent, ils se hâtent de détourner la conversation pour dissimuler leur ignorance.

Les religieux éminents qui reçoivent mission de rétablir l'ordre dans cette maison avouent qu'ils y ont trouvé nombre de sujets incapables et désœuvrés. L'un d'eux a passé les dix plus belles années de sa vie dans une scandaleuse inaction et on se contente, pour toute punition, de l'éconduire, de le rendre à ses supérieurs qui l'avaient désigné pour les études. Pendant longtemps on avait espéré que la jeunesse du collège Clunysien serait la gloire de l'Ordre, ferait aimer la science autour d'elle, et répandrait dans les provinces les fruits de ses connaissances multiples. On devait écouter comme des oracles ces nouveaux docteurs, formés à l'école des plus grands maîtres, lorsqu'ils reviendraient dans leurs monastères d'origine ; leurs jeunes confrères profiteraient de leur enseignement clair, méthodique, de leur merveilleux savoir. Hélas ! quand il était question de regagner la province, de réintégrer le modeste prieuré où ils avaient fait profession, ces licenciés, ces maîtres ès-arts perdaient la notion de la reconnaissance, ils oubliaient les sacrifices que de vénérables supérieurs avaient faits pour leur procurer des grades honorifiques, ils ne comprenaient plus qu'ils devaient exprimer leur gratitude en instruisant les jeunes religieux de leurs monastères. Paris, cette ville séduisante, les avait fascinés, ils ne voulaient plus la quitter, s'exiler dans quelque coin perdu de la France. D'ailleurs, ils faisaient partie de la communauté priorale du collège de Cluny, ils y étaient stabilisés et on ne pouvait les en séparer sans demander leur con-

sentement, après leur avoir offert un important bénéfice !

Pour nous reposer de ce tableau lugubre, rangeons-nous autour du docte et vénérable dom Laurent Bénard, écoutons ses saintes leçons et voyons l'admirable réforme qui s'établit sous sa direction vertueuse et paternelle : la piété, la docilité marchent de pair avec l'étude. On peut dire alors que le collège Clunysien de la capitale est devenu un centre de bonnes volontés et de lumières, on y voit germer l'admirable, l'énergique congrégation de Saint-Maur. Il nous suffira de signaler en passant la noire ingratitude de dom Lempérière envers ses anciens maîtres, qu'il sacrifie pour donner un libre cours à son ambition. En terminant cette étude, nous avons trouvé sur notre chemin un infortuné religieux engagé dans une observance austère qu'il ne pouvait plus supporter. Il demande qu'on lui permette d'embrasser un régime moins sévère, tout en alléguant sa mauvaise santé. Hélas ! il dut faire de nombreuses démarches et il aurait pu les continuer jusqu'à la fin de sa vie, si la bonté d'un vénérable vieillard n'avait mis fin à ses peines. Ce religieux comprenait que saint Benoît n'avait jamais permis de tourmenter, de déconsidérer un moine, même dissident.

COLLÈGE DE CLUNY

CHAPITRE I

FONDATION

Vers le milieu du XIIe siècle, l'Eglise parut condamner les religieux qui, abandonnant leurs monastères, se rendaient dans les grandes villes pour vaquer à l'étude et s'instruire, en assistant aux leçons de maîtres célèbres. Le Concile de Tours (1163) (1) et celui de Paris (1212) (2) intimèrent, à ceux qui avaient quitté le cloître pour apprendre la médecine et le droit, l'ordre formel de le réintégrer, avant soixante jours, sous peine d'encourir la censure de l'excommunication et une irréparable déchéance aux yeux de leurs confrères. Ces mesures furent sans doute inspirées par les circonstances et le danger d'une inévitable perversion que courait la jeunesse universitaire, dans un milieu ennemi de la décence et d'une vertueuse réserve. En effet, les écoliers, entassés dans des rues étroites et sombres, s'y trouvaient sans cesse en contact avec le rebut de la société ; les lieux de débauche touchaient les salles de cours. En butte aux plus honteuses obsessions, ils étaient grossièrement insultés s'ils y résistaient, comme nous le montre dans les lignes suivantes, Jacques de Vitry, mort en 1244 : « *Meretrices pu-*

(1) Mansi, t. XXI, col. 1179.
(2) *Id.*, t. XXIII, col. 831.

blicæ ubique per vicos et plateas civitates passim ad lupanaria sua clericos transeuntes, quasi per violentiam, pertrahebant. In una et eadem domo scholæ erant superius, prostibula, inferius (1). Au milieu d'une pareille société, les meilleures résolutions faisaient naufrage et les prédicateurs de l'époque parlaient en termes peu flatteurs de tous les étudiants. « Pour boire et manger, dit l'un d'eux, ils n'ont pas leurs pareils. Ce sont des dévorants à table, mais non des dévots à la messe. Au travail, ils bâillent, au festin, ils ne craignent personne. Ils abhorrent la méditation des livres saints, mais ils aiment à voir le vin pétiller dans leur verre et ils avalent intrépidement (2). » Suivant un autre auteur, certains *décrétistes* (étudiants en droit canon) passaient le temps à boire, jouer, à se battre, à paillarder ; ils faisaient porter devant eux, par des valets, de gros livres qu'ils ne lisaient pas (3). Un acte officiel, daté du 11 janvier 1269, reproche aux clercs, *quod die et nocte multos vulnerant atrociter, interficiunt, mulieres rapiunt, obprimunt virgines, hospicia frangunt necnon latrocinia et multa enormia, Deo odibilia sepe et sepius committendo* (4). L'Eglise fulmine en vain contre les clercs de mauvaise vie, leur défend de porter la tonsure, de prétendre au privilège ecclésiastique. Enfin, on découvre un remède à ces maux dont tout le monde gémit : on établit des refuges, des internats. Le point de départ de ces créations fut l'acte charitable par lequel, en 1180, un bourgeois de Londres, nommé Josce, revenant de Jérusalem, acheta une salle de l'Hôtel-

(1) Jacques de Vitry, édit. 1597, cap. VII, f. 278.
(2) *Histoire de Lavisse*, t. III, 1re partie, p. 334.
(3) Ch. Langlois : *Revue de Paris*, 1896.
(4) *Cartulaire de Notre-Dame de Paris*, t. I, p. 162.

Dieu de Paris et fonda une rente qui permit d'y entretenir et d'y coucher 18 clercs écoliers. Par reconnaissance, ils se chargeaient de veiller, à tour de rôle, les morts de l'hôpital et porter aux enterrements la croix et l'eau bénite. Plus tard, ils sortiront de l'Hôtel-Dieu et posséderont une maison en propre. Ainsi fut institué le plus ancien collège parisien, celui des Dix-huit (1). La merveilleuse prospérité de la maison d'études des Dominicains de Paris, comptant 120 sujets, attira l'attention du pape Honorius III, qui écrivit à son légat en France, pour en faire l'éloge, 15 septembre 1224 (2).

Désormais on comprit qu'on pouvait fréquenter les universités et éviter la contagion d'une tourbe vicieuse. En janvier, 1227, Raoul, abbé de Clairvaux, acquit de l'abbé de Saint-Germain-des-Prés un immeuble où il put établir les jeunes religieux de son monastère, désireux de s'initier à la science sacrée. Cette résidence fut transférée, en 1245, au Cardinetum (3). Innocent IV bénit cette entreprise, en rappelant que dans les cloîtres la science doit marcher de pair avec la sainteté (4). Ces exemples d'une courageuse sagesse stimulèrent le zèle de l'ordre Bénédictin : le supérieur de Saint-Benoît-sur-Loire (5), qui était alors le vénérable abbé Pierre (1252-1257), acheta, aux Prémontrés de Paris, une maison située près de l'église de Saint-Etienne-des-Grées, pour y abriter ses moines, jugés dignes de suivre les cours

(1) *Histoire de Lavisse*, t. III, 1re partie, p. 332.

(2) Denifle : *Archiv. für litteratür und Kirchengeschichte des Mittelalters*, t, 189, not. 4 ; Denifle : *Cartulaire de l'Université de Paris*, t. I, p. 106, notes.

(3) *Revue Bénédictine de Maredsous*, t. X, p. 145.

(4) Denifle : *Cartulaire de l'Université de Paris*, t. II, p. 241.

(5) Loiret, Arrdt. Gien.

de l'Université (1). Cluny ne tarda pas à prendre une décision relative au même sujet. Comme l'abbé Yves de Vergy avait remarqué que ses religieux s'abandonnaient à certains désordres parce qu'ils ne savaient pas s'occuper, il résolut de fonder un collège pour leur donner le goût de l'étude et surtout des sciences théologiques, l'antidote des mauvais penchants. Saint Louis l'y encouragea. Son prédécesseur, Guillaume, y avait déjà pensé puisqu'il avait acheté une maison dans la mouvance de Sainte-Geneviève (2). Le Chapitre général approuva le projet avec d'autant plus d'ardeur que l'ignorance se faisait déjà trop sentir dans l'ordre : toute une communauté, celle de Dammarie (Meuse), ne savait pas lire.

A ce moment survint l'évêque d'Auxerre, il offrit aux Clunistes une maison qu'il possédait, sise rue de la Harpe. Elle fut acceptée avec reconnaissance et le donateur fut gratifié, en retour, sa vie durant, des revenus du prieuré de Vandœuvre (Meurthe) (3). Après mûr examen, cet immeuble parut insuffisant pour l'usage qu'on voulait en faire et la décision qu'on avait prise n'eut pas d'effet, puisque le 15 mai 1261 le Chapitre autorisa l'abbé de Cluny à en acquérir un autre qui put loger les étudiants et consentit à le payer au prix d'une rente viagère de cent livres parisis (4). Ce fut peu après que l'abbé Yves de Vergy acheta de l'Hôtel-Dieu de Paris une maison avec un vaste terrain, en bordure sur la rue de la

(1) Cf. Abbé Rocher : *Abbaye royale de Saint-Benoît-sur-Loire*, in-8, Georges Jacob, Orléans, 1865.

(2) Arch. nat., LL 1350, p. 160. *Chapitres généraux de Cluny*, Bibliothèque du Palais-Bourbon, B 89, n° 101, t. VIII.

(3) *Chapitres généraux de Cluny*, an. 1260, Bibl. Palais-Bourbon, B 89, n° 101 et 115.

(4) *Chapitres généraux de Cluny*, an. 1260. Ibidem.

Harpe, contigus au couvent des Jacobins, où il installa provisoirement les étudiants, en attendant d'avoir édifié les logements qui leur étaient nécessaires. Cette opération fut donc antérieure à 1262, puisque le 31 mars de cette même année une bulle d'Urbain IV constate que cette propriété appartient aux Clunistes et permet d'y édifier un oratoire (1). Mais voilà qu'une autre difficulté se présente, un terrain appartenant au Roi partage en deux l'emplacement que Yves de Vergy vient d'acquérir. Philippe III se conduit en bon prince et consent, en décembre 1271, à faire un échange, ce qui permet à l'abbé de réunir dans un même enclos les anciens et les nouveaux bâtiments, mais par une clause formelle, le monarque exige qu'on n'établisse rien qui puisse nuire aux Frères prêcheurs du voisinage, comme un cloaque, ou troubler leur quiétude, comme une cloche (2). Yves de Vergy déploya une grande activité pour l'œuvre qu'il avait entreprise ; avant sa mort qui arriva en 1275, les travaux du collège se trouvaient fort avancés, le dortoir et le réfectoire étaient achevés, le cloître, à moitié construit. Son neveu et successeur dans le gouvernement de Cluny, Yves de Chasant, termina ce qui restait à faire, édifia la chapelle, et, en 1278, demanda au pape Nicolas III la permission d'y célébrer les offices à haute voix, préalablement annoncés par le son d'une cloche (3). Avait-il oublié les conditions que le roi avait imposées à son prédécesseur, en lui cédant la parcelle de terre qu'il convoitait ? Comme il pouvait s'y attendre, sa dé-

(1) *Bullarium sacri ordinis Cluniacensis*, p. 131.
(2) Denifle : *Cartularium Universitatis Parisiensis*, n° 209, t. I, p. 494.
(3) Denifle : *Cartulaire de l'Université*, t. I, p. 571.

marche n'eut pas de succès. Mais les élèves de Cluny étaient désemparés, ils avaient coutume de se lever et de se réunir au signal de la cloche, qui exerçait sur eux tous une influence salutaire en les pénétrant du sentiment de l'obéissance et de la discipline. Ils supplièrent donc Honorius IV de ne pas les priver plus longtemps d'entendre la voix qui réglementait et égayait leurs journées. Le pontife prescrivit à son légat, Jean Cholet, par une bulle du 18 mars 1286, de leur donner satisfaction (1). La lettre du Pape fournit des renseignements dignes de remarque ; nous voyons que les étudiants étaient assez nombreux puisqu'on en comptait déjà 40.

Cette décision resta sans effet et les écoliers de Cluny attendirent un demi-siècle la réalisation de leurs vœux. Enfin, le 4 mars 1344, Clément VI leur concéda ce qu'ils souhaitaient : le droit d'avoir une cloche et un cimetière, mais celui-ci était exclusivement réservé aux étudiants de l'ordre. Nous venons de parler de l'œuvre matérielle qui abritait la population scolaire clunisienne installée à Paris, mais cela ne suffisait pas pour le bon succès et la perpétuité d'une sage institution ; des lois devaient assurer la subsistance et le recrutement des élèves, déterminer leur admission, régler leurs études, encourager leurs louables efforts, punir leur négligence et leurs écarts.

(1) Ch. Jourdain : *Index chronologicus chartarum pertinentium ad historiam Universitatis Parisiensis*, Paris, 1862, p. 52, n° CCLXXXII.

CHAPITRE II

BOURSES

I. — Les diverses variations qu'elles subissent.

Le collège de Cluny n'eut point de rentes ou de biens fonds pouvant lui assurer les ressources dont il devait avoir besoin. Chaque élève recevait du supérieur qui l'envoyait aux études l'argent nécessaire pour payer les frais de son entretien et on donna à cette contribution régulière le nom de bourse. Sa valeur fut fixée à 15 livres parisis (1), mais cette somme fut bientôt regardée comme insuffisante. Dès 1294 (2), tout le monde convint que le prieur de cette maison ne pouvait soutenir son rang avec d'aussi maigres ressources Pour lui permettre de se comporter avec plus de dignité, on lui accorda une double bourse qui serait formée avec les deux premières pensions venant à vaquer. En 1302, le Chapitre général dut prendre une nouvelle mesure en faveur des écoliers. Comme la cherté des vivres ne leur permettait plus de subsister avec la modique rente qu'on leur faisait, on jugea à propos de venir à leur secours en exigeant, à leur profit, une redevance annuelle, qui fut fixée à 10 sols tournois pour

(1) *Bull. de Jean XXII*. Arch. nat., L 299.

(2) *Chapitre général de 1294*. Bibl. Palais-Bourbon, B 89, n° 101 et 115.

les prieurés conventuels, et à 5 sous pour les autres (1).

Loin de s'améliorer, la situation du collège s'aggravait : il avait contracté une dette de 300 livres parisis, et d'ailleurs, le prix des subsistances ne diminuait pas, bien au contraire. Pour tout sauvegarder, on jugea bon de lever sur tout l'ordre un secours basé sur le 50e du revenu, 1305 (2). L'année suivante, une mesure plus radicale s'imposa. Comme les étudiants ne pouvaient pas vivre avec la somme qu'on leur allouait, on décida que la moitié de ces religieux regagneraient leurs monastères respectifs et abandonneraient leurs pensions aux autres. Trois commissaires notables, les prieurs de Saint-Leu d'Esserent, Longpont et l'hôtelier de Saint-Martin-des-Champs, furent chargés de désigner ceux qui devaient rester en les choisissant parmi les plus intelligents et les plus dociles (1306). Une contestation délicate aurait pu surgir ; certains supérieurs obligés de payer la pension d'un élève qu'on leur rendait et qu'ils devaient nourrir n'auraient pas manqué de crier à l'injustice ; pour les satisfaire et les calmer, on les déchargea de l'entretien d'un religieux (3). En 1314, de nouvelles plaintes se font entendre ; la rigueur des temps, l'augmentation du prix des vivres, la variation des valeurs monétaires rendent l'existence pénible à tout le monde et particulièrement aux élèves de Cluny ; pour les consoler, on amplifie leur bourse de 60 sols (4).

On faisait toujours maigre chère au collège de Cluny, les étudiants ne réussissaient pas à équilibrer leur faible budget. Dans cette extrémité, ils eurent

(1) *Chapitre general de 1302*, Bibl. Palais-Bourb., B 89, nº 101 et 115.
(2) *id.* *de 1305*, *ibid.*
(3) *id.* *de 1306*, *ibid.*
(4) *id.* *de 1314*, *ibid.* B 89, nº 102 et 115.

heureuse idée d'exprimer leurs doléances au pape Jean XXII, en lui faisant observer que souvent l'infortune les obligeait à interrompre leurs cours de théologie, au grand préjudice de l'ordre et de l'Eglise, qui avaient si grand besoin d'hommes instruits. En 1319, le pontife prit leur cause en main (1), et sur son désir un nouveau règlement du 25 avril 1320 fixa les bourses à 20 livres, pour les écoliers, à 30 livres, pour les bacheliers, à 40 livres, pour les docteurs et cette décision devint obligatoire, à partir de 1321 (2). Ce régime ne paraît pas avoir procuré l'aisance pour longtemps, car, en 1339, de nouvelles mesures furent adoptées pour assurer la prospérité du collège parisien : tous les prieurs et autres supérieurs qui n'avaient pas d'étudiant à entretenir durent fournir à cet établissement le quart de la somme qu'ils payaient pour les décimes. Le compte-rendu d'une visite canonique faite au collège de Cluny, en 1386, montre que cette institution laisse fort à désirer sous plusieurs rapports : la pension qu'on paye alors pour chaque élève ne saurait suffire pour le nourrir pendant plus de six mois. Comme il ne peut se résigner à mourir de faim, il abandonne ses livres, se rend au monastère dont il relève ou chez ses parents et réclame quelque assistance. Pendant ce temps, sa science ne s'améliore pas et ses mœurs ébranlées par les spectacles malséants qu'il a contemplés en voyage ne tardent point à couvrir de déshonneur l'ordre tout entier ! Le visiteur, le prieur de la Voulte (Haute-Loire), propose plusieurs moyens pour remédier à ces abus lamentables : le plus efficace

(1) Arch. nat., L 299, *Bullarium ordinis Cluniacensis*, p. 171. Arch. nat., L 868 ; LL 1450, p. 196 ; S 1445.

(2) *Chapitre général de Cluny, 1339*, Bibl. Palais-Bourbon, B 89, n° 103 et 116.

serait de fondre deux bourses en une et de diminuer de moitié le nombre des sujets.

Il avance aussi un autre expédient qui lui paraît capable d'atténuer la disette dont souffrent les étudiants. A l'entendre, le blé et le vin coûtent fort cher et absorbent à eux seuls le prix de la pension : si les prieurs Clunistes de l'Ile-de-France qui ont des élèves à Paris fournissaient une grande partie de ces denrées, la situation changerait et la pénurie ferait place à l'aisance (1). En 1392, on se décide à diminuer le nombre des étudiants. Tous les supérieurs qui avaient coutume de payer une pension devaient continuer de le faire et l'argent qu'ils fourniraient ainsi servirait à traiter convenablement un certain nombre d'écoliers qu'on choisirait parmi les mieux doués, les plus vertueux et les plus actifs. Les prieurs de Crépy et de Saint-Martin-des-Champs furent chargés de procéder à cette sélection (2). Mais le trésor du collège de Cluny paraissait être un tonneau des Danaïdes, plus on y versait et moins il se remplissait. Emus de compassion, les vénérables définiteurs du Chapitre général de 1397 voulurent assister généreusement leurs écoliers, l'espoir, les pupilles de l'ordre ; ils leur accordèrent un subside de 120 livres, prélevé sur une contribution du vingtième qu'on venait de décréter (3).

En 1401, le Chapitre général formule des considérations très sages : à l'entendre, la pauvreté ne porte pas toujours de bons fruits, il pense que ventre affamé n'a point d'oreilles et qu'un jeune religieux, tourmenté par l'indigence, manque de courage pour

(1) Bibl. nat., Ms. lat., nouv. acquis, 2277.

(2) Bibl. du Palais-Bourbon : *Chapitres généraux de Cluny*, B 89, nº 104.

(3) Bibl. de l'Arsenal, Ms. lat. 777. (*Chapitre 1397*).

s'adonner à l'étude. Et cependant l'Eglise, les ordres religieux, l'ordre monastique de Cluny a besoin de ces savants, qui illuminent le monde et brillent comme des astres au firmament. Tout le monde sait que les bourses fondées, augmentées jadis, ne suffisent plus pour parer à toutes les nécessités de la vie. On invite l'abbé à unir, sans retard, au collège quelques bénéfices pouvant lui assurer un revenu annuel de 240 livres tournois et lui permettre de pourvoir aux charges et aux diverses réparations (1).

Pour couronner les études, il fallait subir des examens multiples, difficiles et ces épreuves imposaient souvent de grosses dépenses.

Ces divers frais pouvaient décourager les meilleurs élèves et les empêcher de concourir pour l'obtention des grades, car loin d'avoir du superflu, la modeste pension qu'ils touchaient ne suffisait pas toujours pour leur procurer le nécessaire. En 1455, les Clunistes réunis en chapitre comprenant que cette difficulté menaçait d'étouffer l'émulation, tout en nuisant à la bonne renommée du collège, se hâtèrent de la supprimer en fondant une rente annuelle de cent écus pour couvrir les frais d'examens (2).

(1) *Chapitres généraux de Cluny*, Bibl. de l'Arsenal, Ms. lat. 777. — Arch. nat., LL 1350.

(2) *Chapitres généraux de Cluny*, Bibl. de l'Arsenal, Ms. lat. 778. — Nota. Quand le chancelier licenciait, il percevait dix à douze francs. Les candidats devaient aussi offrir quelques gracieusetés aux professeurs, comme des bonnets, des épices. V. Abbé Féret, *Faculté de théologie de Paris, au Moyen-âge*, t. III, p. 69-80.

— Les frais d'examens sont mal connus pour le Moyen-âge. Au XVIe siècle, ils étaient évalués par Ramus : à 60 livres, pour le grade de maître-ès-arts, à 1000 livres, pour celui de docteur en théologie. Comme on était obligé de faire des cadeaux, de donner des festins aux camarades, la dépense pouvait atteindre 3000 livres tournois. (V. *Université*, dictionnaire Larousse).

— En 1314, au concile de Vienne, Clément V défendit de dépenser plus de 3000 livres tournois pour les examens. V. Henri

La pension des élèves du collège de Cluny paraît avoir été augmentée, vers le milieu du XVIe siècle. Dans le recueil des actes notariés (E. Coyèque), nous lisons, sous la date du mois septembre 1541, que frère Guillaume Lepène, étudiant au collège de Cluny, payait pour la nourriture et le logement 20 écus d'or soleil, pour un an.

En 1560, Guillaume Duprat, évêque de Clermont, abbé de Mauzac (Puy-de-Dôme), prieur de Crépy (Oise) et de Reuil (cant. de la Ferté-sous-Jouarre, arrondissement de Meaux), légua 400 livres aux Minimes de Chaillot, en les chargeant de payer au collège de Cluny une somme annuelle de 60 livres pour un religieux de chacun de ces monastères (1).

En 1571, le Chapitre général invita l'abbé de Cluny à unir au collège de Paris le doyenné d'Aulnay-lez-Bondy (cant. de Gonesse, Seine-et-Oise), mais il obligeait ce prélat à pourvoir avec ces ressources à l'entretien du prieur et de neuf écoliers. Si les revenus de ce bénéfice n'atteignaient pas la somme de mille livres, l'abbé devait parfaire ce chiffre (2).

La même année, le prieur de Saint-Martin-des-Champs offrit de payer 1000 livres tournois pour dix boursiers, tant de son prieuré que de ses dépendances, si on voulait unir à son prieuré celui de Choisy-en-Brie (cant. de la Ferté-Gaucher, Seine-et-

PRENTOUT; *la Vie de l'étudiant au XVIe siècle.* (In-8), Henri Desliques, 1905, Caen).

— Dans nos recherches pour le XVIIIe siècle, nous voyons que es frais de la thèse *Sorbonique* variaient de 200 à 300 livres.

12 juin 1739, payé à Dom Bouché, pour frais de thèse, 216 livres.

1747, payé à Dom Martine, pour sa thèse, 220 livres.

10 septembre 1739, payé à Dom Bouché pour frais de sa thèse *Sorbonique*, 300 livres. (Arch. nat., H[3] 3625[1]).

1) Arch. nat. : S 1445.

2) *Chap. généraux de Cluny*. Bibl. de l'Arsenal, Ms. lat. 778, an. 1571, art. 29.

Marne) (1). On proposa aussi dans le même Chapitre de convertir en bourses une mense des prieurés de Charlieu, Saint-Marcel de Châlon, d'Ambierle, Lihons-en-Santerre, Abbeville, Saint-Leu d'Esserent, Crépy, Gaye, Longpont, Montdidier, Sainte-Marguerite d'Elincourt, Sainte-Marguerite de Mergy, La Rochelle, Nogent-le-Rotrou, Longueville. Les pensions étaient fixées à 100 livres (2). Ces projets n'eurent point d'exécution (3).

En 1555, le cardinal Charles de Lorraine, abbé de Cluny, voulut inculquer l'amour des lettres, la passion de l'étude à ses religieux : avec le concours du Chapitre général, il ouvrit les portes du collège de Cluny à 35 écoliers nouveaux, venant tous de monastères différents. Nous ne pouvons affirmer que cette décision fut appliquée à la lettre, car nous n'en trouvons nulle part quelque trace. Du reste, le rejet des généreuses propositions du prieur de Saint-Martin nous inclinerait facilement à croire que les bonnes intentions des vénérables capitulants de 1555 n'eurent pas de suite. Cependant il nous est permis de voir dans ces diverses mesures un désir sincère d'augmenter la prospérité du collège de Cluny et le nombre des élèves (4). En effet, le Chapitre général, tenu en 1600, art. 33 (5) accorde au prieur de cet établissement d'y recevoir comme pensionnaires tous les sujets que les supérieurs de l'ordre et les Bénédictins noirs lui enverront. Le prix de chaque bourse fut fixé à 100 livres tournois (6), mais cette

(1) *Chap. 1571, art. 30.* Bibl. de l'Arsenal, Ms. lat. 778. Archiv. nat., L 869.

(2) *Chap. général de 1571, art. 31.* Biblioth. Arsenal.

(3) Arch. nat., L 869.

(4) *Chapitre 1555*, Arch. nat., LL 1350.

(5) *Chap. général de 1600, art. 33.* Bib. Arsenal, Ms. 778.

(6) *Chap. général de 1600, art. 23.* Ibidem.

somme ne parut pas suffisante. Dom d'Arbouze, abbé de Cluny, fut attaqué devant le grand conseil et, par arrêt du 22 mars, il fut condamné ainsi que ses successeurs à payer, pour le présent et l'avenir, toutes les réparations que les bâtiments du collège imposeraient; toutefois il y avait exception pour les immeubles extérieurs à l'entretien desquels les locataires et usufruitiers devaient veiller.

Le même prélat se vit aussi obligé de payer la rente de 21 livres, 8 sols, 6 deniers que le collège devait à l'Hôtel-Dieu de Paris, 300 livres, annuellement, pour la bourse de Paray, unie à sa mense abbatiale, et de plus, 300 livres, chaque année, pour la pension du prieur. Le même arrêt spécifia que les prieurs fourniraient une rente de 300 livres pour chaque élève qu'ils enverraient au collège. Si ceux qui devaient une bourse n'envoyaient personne, ils auraient à payer une somme annuelle de 100 livres, somme qui serait utilisée pour subvenir à l'entretien de trois régents ou professeurs, à couvrir les frais d'examens et pourvoir à l'achat de bons livres. L'abbé de Cluny était encore tenu à solder les gages du médecin qui visitait le collège, gages qui s'élevaient à 50 livres, par an (1).

En 1646, les règlements établis par le prince de Conti fixèrent d'une manière uniforme la valeur des bourses à 400 livres, payables par quartiers (2).

§ II. — Epoques du payement des bourses.

Quand se payaient les pensions attribuées au collège de Cluny et quelle peine infligeait-on à ceux qui refusaient de satisfaire à cette redevance ? Pour

(1) Arch. nat., LL 1350 et S 1445, L 869.
(2) Arch. nat., G[9] 26, LL 1350, LL 1334, p. 230.

répondre à ces deux questions, il est nécessaire de procéder avec méthode et d'étudier les divers règlements formulés sur ce point, car certains prescrivent de solder les bourses en une seule fois, d'autres assignent deux termes différents pour le faire. En 1294, on décide que cette dette sera acquittée, le 24 août, jour de saint Barthélémy (1), mais avant et après cette époque, on crut qu'il était plus convenable d'exiger ce payement à l'occasion du Chapitre général, ordinairement fixé au 3e dimanche après Pâques. Pour que cette obligation parût moins lourde, on voulut qu'elle fût acquittée par moitié, soit à la Toussaint et au Chapitre général (2), soit à la Toussaint et à la fête de sainte Madeleine (22 juillet) (3), soit enfin à Noël et à la saint Jean-Baptiste (4).

Ceux qui devaient le prix d'une bourse se voyaient obligés de le verser entre les mains du prieur claustral de l'abbaye de Cluny, s'ils n'étaient de la province de France, et dans ce dernier cas, ils le remettaient au prieur du collège Clunisien à Paris (5).

§ III. — Peines spirituelles et pécuniaires.

Pour défendre les droits des élèves du collège de Cluny et arracher à l'avarice, à la malveillance de certains débiteurs peu scrupuleux leur entretien journalier, on avait recours aux amendes pécuniaires ou à l'excommunication. Le Chapitre général

(1) *Chapitres 1294, 1320.* (Arch. nat., L 869); *1375, 1377, 1458* et *Bibliotheca Cluniac*, col. 1606.

(2) *Chapitres généraux de Cluny*, 1260, 1395, 1397, B 89, n° 101, 105.

(3) *Chapitre 1620*. Arch. nat., L 869.

(4) *Chapitres 1571, art. 31 ; chap. 1600, art.* 23.

(5) *Chapitre général de Cluny, 1260*, B 89, n° 101.

de 1260 condamne les récalcitrants à payer une pension double (1) ; celui de 1294 leur inflige une amende de trois sols pour chaque jour de retard (2). Les assemblées capitulaires de 1314, 1375, 1377, 1399, 1400, ordonnent tous à les supérieurs coupables d'une négligence criminelle sous ce rapport de se rendre à l'abbaye de Cluny et de ne point quitter ce monastère avant d'avoir soldé la pension qu'ils doivent, tous les arrérages, ou de s'être engagés à le faire le plus tôt possible (3). Si ces mesures ne produisent pas l'effet souhaité, on emploie alors les châtiments spirituels, on fulmine l'excommunication, comme l'indiquent les Chapitres 1293 et 1297 (4).

En 1395, (5) on déclare que seuls le grand prieur ou le prieur claustral de l'abbaye de Cluny peuvent relever de cette censure, mais les définiteurs s'attendrissent et, quelques mois plus tard, considérant que cette peine est trop grave et trop dangereuse, ils conseillent d'en suspendre l'application (1396) (6). En 1401 ils décrètent que seul l'abbé de Cluny aura le droit d'infliger une pareille censure (7).

(1) *Chapitre général de Cluny, 1260*, B 89, n° 101.
(2) — — *1294*, ibidem.
(3) *Chapitre général, 1314, 1375, 1377*, B 89, n° 102, 104, 105 1399, 1401.
(4) *Chapitres généraux, 1293, 1297*, B 89, n° 101.
(5) — *1295*, B 89, n° 101.
(6) *Chapitre général de Cluny, 1396*, B 89, n° 105.
(7) — — *1401*, ibidem.

CHAPITRE III

PRÉSENTATION DES ÉLÈVES

Comment se recrutaient les élèves du collège de Cluny, qui avaient mission de les présenter ? Les historiens de la ville de Paris, du Breuil et Félibien, citent les noms de 26 prieurs et doyens qui étaient chargés en 1278 de choisir parmi leurs religieux un ou deux sujets pour peupler le nouvel établissement, car la Charité et saint Martin payaient deux bourses (1). Le nombre des scolastiques n'était pas alors considérable, ils étaient en tout 28. Mais on se demande pourquoi certains supérieurs étaient chargés de les fournir et de pourvoir à leurs nécessités tandis que les autres se trouvaient exemptés de

(1) Il y avait anciennement au collège 28 bourses payées par 26 prieurés et doyennés de l'ordre, savoir : par les prieürés de la Charité (Arr. Cosne, Nièvre). — De Saint-Martin-des-Champs (Paris). — De Sauxillanges (Puy-de-Dôme). — De Souvigny (Arr. Moulins, Allier). — De Coincy (Aisne). — De Crespy (Crépy, Oise). — De Lihons (Somme). — D'Abbeville (Somme). — De Marcigny (Saône-et-Loire). — De Longpont (Seine-et-Oise). — De Saint-Leu (Oise). — De Nogent-le-Rotrou (Eure-et-Loir). — De Paray (Saône-et-Loire). — De Montdidier (Somme). — De Gayé (Marne). — Sainte-Marguerite d'Elincourt (Oise). — De Margerie (Aube). — De Saint-Vivant-sous-Vergy (Côte-d'Or), commune de Reulle-Vergy. — De Saint-Eutrope de Saintes (Charente-Inférieure). — De l'Ile d'Aix (Charente-Inférieure). — De La Rochelle (Charente-Inférieure). Nôtre-Dame de Congiis. — De Saint-Orens d'Auch (Gers). — De Romain-Montier (canton de Vaud, Suisse). — De Pont Saint-Esprit (Gard). — De Saint-Sauve-sous-Valencienne (Nord). — De la Voute (Haute-Loire). — Arch. nat., L 869. — L id. L 869.

cette obligation ; comme aucun document précis ne nous donne des renseignements sur ce point, nous sommes réduits à de simples conjectures. On peut présumer que des prieurs, très zélés et très heureux d'avoir une maison où des maîtres émérites devaient inspirer à leurs meilleurs religieux l'amour des lettres, s'engagèrent avec leurs successeurs à soutenir cette œuvre naissante, en donnant leurs fils et leur argent. Une autre hypothèse paraît aussi vraisemblable et nous permet des croire que des monastères dépendant plus particulièrement de l'abbaye de Cluny furent désignés pour être les soutiens du collège.

Comme nous avons parlé antérieurement des bourses, il ne nous reste plus qu'à examiner ce qui concerne la nomination des élèves. Les prieurs et les doyens, spécialement intéressés à la prospérité du collège de Cluny, comme nous l'avons dit, devaient y envoyer au moins un élève. S'ils n'avaient pas, dans leur communauté de religieux ayant les qualités requises pour l'étude, ils pouvaient en choisir un dans quelque monastère de l'ordre (1), après avoir obtenu l'agrément du supérieur local (2) et de l'abbé général (3), mais ce futur écolier ne devait pas posséder la dignité priorale ou un bénéfice appréciable (4). Le chapitre de 1383 se montre plus sévère et déclara en termes expres qu'un bénéficier si

(1) *Bibliotheca Cluniac, col. 1579.* — Arch. nat., L 869.

(2) *Chap. général de Cluny, 1533.* Bibliothèque de l'Arsenal, Ms. 778.

(3) *Chap. général de Cluny, 1458,* 1490. — Le chapitre de 1490 déclara que les religieux qui fréquentaient les hautes études sans permission étaient frappés d'excommunication. Ils se voyaient obligés de regagner le monastère où ils vivaient antérieurement. B Arsenal Ms. 778.

(4) *Bibliotheca Cluniac, col. 1384*; *Chapitre général de Cluny, 1383.* B 89, n° 104.

modeste qu'il soit ne peut séjourner au collège de Cluny, même en offrant de pourvoir lui-même à sa dépense. On ne semble pas avoir été toujours inflexible à ce sujet. En 1458, des visiteurs s'empressent de signaler un grave abus, menaçant d'avoir les plus graves conséquences : des prieurs qui n'ont qu'un religieux ne craignent pas de l'abandonner, de se rendre dans la capitale ou les grandes villes pour suivre les leçons des universitaires. Pendant ce temps, le religieux resté à la communauté se trouvant aux prises avec les ennuis de la solitude ne peut que déchoir et devenir un objet de scandale pour tout l'ordre, car il n'a personne pour le conseiller, le diriger et le reprendre. Pour parer à ce grave inconvénient, il faut rappeler sans retard les prieurs qui se trouvent dans ce cas ou donner au religieux qui vit dans l'isolement un sage compagnon (1). Les élèves qu'on envoyait au collège de Cluny devaient avoir fait profession entre les mains de l'abbé ou de son représentant (2).

Les divers collèges des Clunistes et surtout celui de la capitale devenaient très célèbres, on sollicitait la faveur d'y être admis. Nombre d'étrangers s'estimaient heureux d'avoir trouvé asile dans ces instituts où la science était en grand honneur. Les supérieurs eux-mêmes les accueillaient volontiers, séduits peut-être par les offres qu'on leur faisait, il leur arrivait de les préférer à leurs frères, aux religieux de Cluny. Des plaintes ne tardèrent pas à se faire entendre, du reste, la discipline devait laisser à désirer. On comprend sans peine que des hommes formés à diverses écoles ne pouvaient vivre en parfait

(1) *Chapitre général, 1490,* B 89, n° 104.
(2) *Chapitre général, 1530,* Bibl. de l'Arsenal, Ms. 778.

accord. L'autorité suprême voulut mettre un terme à cet abus, le Chapitre de 1538 défendit de recevoir dans les collèges d'autres religieux que ceux de Cluny. Pour ne pas fermer entièrement la porte aux étrangers, on consentit à recevoir ceux qui feraient profession dans l'ordre (1). Néanmoins on permit bientôt d'accepter comme pensionnaires tous les religieux que les Bénédictins noirs présenteraient pourvu qu'ils s'engageassent à suivre la règle et à porter l'habit des Clunistes pendant tout leur séjour (2). Comme nous le savons, ceux qui fondaient des monastères imposaient aux habitants de ces pieux asiles l'obligation de prier Dieu et de chanter ses louanges. Les supérieurs devaient donc veiller à ce que les moines y fussent assez nombreux pour accomplir dignement la pensée des bienfaiteurs. On défendait de choisir des élèves dans les communautés ayant tout au plus six religieux. Si on le faisait on exigeait qu'on suppléât ceux qui avaient été envoyés aux études (3). Henri de Fautrières, abbé de Cluny (1308-1320), paraît insinuer dans ses statuts que les élèves doivent payer le prix de leur pension au commencement de l'année, sous peine d'exclusion (4). Le Chapitre de 1383 déclare, au contraire, que, si les supérieurs doivent quelques arrérages, ce ne peut être une raison pour refuser d'admettre les sujets qu'ils présentent (5). Les prieurs et doyens qui dès l'origine ou plus tard avaient honoré de leur protection le col-

(1) *Chapitre général, 1538,* Bibl. de l'Arsenal, Ms. 778.

(2) — *1600, art. 31*, ibidem.

(3) *Chapitres généraux de Cluny, 1300 et 1458,* Palais-Bourbon, B 89, n° 101, 106.

(4) Statuimus que nullus recipiatur ibidem, nisi ponat integram pensionem. Félibien : *Histoire de Paris*, pièces justificatives, t. III, p. 280, etc...

(5) *Chapitre général de Cluny, 1383,* Palais-Bourbon, B 89, n° 104.

lège de Cluny devaient y entretenir continuellement un élève. S'ils négligeaient de le faire, l'abbé général intervenait, adressait une réprimande au délinquant et désignait un de ses jeunes religieux qui prenait le chemin de la capitale et allait compléter le nombre des étudiants Clunistes. Nous le voyons agir de la sorte en 1321, 1342, 1387, et 1444 (1). Si les supérieurs différaient pendant un an de remplir ce devoir sacré de leur charge, le Chapitre de 1458 déclara que l'abbé de Cluny pouvait les suppléer de plein droit (2). Le prélat envoyait aux études le religieux qui lui plaisait et laissait au prieur ou doyen coupables d'une grave indifférence le soin de payer régulièrement sa pension.

(1) *Chapitres généraux de 1321*, 1342, 1387, 1444, B 89, n° 102, 103, 104, 105.

(2) *Chapitre général de 1458*, B 89, n° 106.

CHAPITRE IV

DISCIPLINE DU COLLÈGE

Qu'enseignait-on au collège de Cluny ? A l'origine, on y professait exclusivement la science par excellence, la théologie, qui inspire l'amour du bien, l'horreur du mal (1), mais en 1378 (2), on jugea à propos d'y cultiver aussi le droit canonique, d'y former des juristes consciencieux, capables de défendre la justice, de protéger le malheureux, le faible contre l'inavouable cupidité du riche, de l'homme puissant (3). De sages règlements apportaient le bon ordre dans cette maison, déterminaient les qualités des élèves qu'on pouvait accueillir, la manière d'entretenir leur zèle, leur piété, prescrivaient ce qu'ils devaient éviter. Ce n'est pas sans émotion que nous lisons les conseils que Henri Ier, abbé de Cluny, (1303-1320) formule dans ses statuts pour le plus grand bien des régents et des écoliers. Il demande qu'on n'envoie personne à ce collège qui ne soit suffisamment instruit dans la grammaire, qui n'ait été examiné par l'abbé, ses députés ou le prieur de

(1) *Statuta Yvonis secundi edita in capitulo generali celebrato anno 1276.* — *Chapitres généraux de Cluny*, Bibl. Palais-Bourbon, B. 89, n° 101.

(2) Bibl. du Palais-Bourbon, B 89, t. XI, n° 101.

(3) Avec le Chapitre général, nous faisons remarquer que les étudiants en droit économique avaient leur habitation à Saint-Julien-le-Pauvre (Paris).

l'établissement. Ces préceptes, nous les retrouvons, en 1383 et 1508, exprimés en termes analogues (1). Le même supérieur fixe aussi la durée du séjour au collège. Il accorde deux ans pour étudier la logique et trois ans pour pénétrer les secrets de la philosophie naturelle. En 1383, Raymond de Cadoëne, grand prieur de Cluny, s'intéresse aussi à la bonne discipline du collège Parisien ; comme son prédécesseur, il exige qu'on n'y admette personne sans un examen préalable, justifiant des qualités intellectuelles et un *sçavoir* satisfaisant, mais il n'accorde que quatre ans pour les études de logique et de philosophie. A son avis, cinq ans suffisent, à un élève laborieux pour obtenir le grade de bachelier en théologie, quatre ans plus tard, il doit être reçu maître en la même science, sous peine d'exclusion (2). Le Chapitre de 1344 paraît s'être montré plus indulgent : il concède sept ans pour parcourir le cycle de la logique et de la philosophie et autant pour obtenir la maîtrise en théologie (3).

(1) Félibien : *Histoire de Paris*, Pièces justificatives, t. III. — *Bibliotheca Cluniac*, col. 1578. — *Chapitre général, 1383*, Palais-Bourbon, n° 104. — *Statuts de 1508*, Bibl. nat., Ms. lat., nouv. acquisit., 2319, f. 17.

(2) *Chapitre général de Cluny, 1383*, B 89, n° 104.

(3) — — *1344*, B 89, n° 103.

Benoît XII avait décidé en 1336 que les communautés devaient envoyer aux hautes études un religieux sur vingt. Le couvent désignait quatre ou huit moines respectables et les chargeait de faire le choix, en toute conscience. Si ces derniers ne nommaient personne, l'abbé ou le prieur les suppléait avec le concours de quatre vénérables religieux. Les élèves destinés aux collèges étaient toujours désignés dans les dix jours précédant la fête de l'Assomption et devaient se rendre à Paris, pour la fête de la Sainte-Croix (14 septembre). V. *Bullarium Romanum* (Ch. Coquelines, t. III, p. 214).

La grammaire comprenait les déclinaisons latines, l'explication des auteurs et quelques notions de rhétorique (V. Clerval, *Ecole de Chartes*, Mémoires de la Société archéologique d'Eure-et-Loir, an 1895, t. XI).

Au XIIIe siècle, on devait étudier pendant quinze ou seize ans

Les élèves ont été choisis avec une bonne foi entière, leur admission n'a pas été viciée par une injuste préférence, comme le défend le Chapitre de 1301 (1) ; suivons-les maintenant dans les diverses phases de leur existence journalière. S'il n'y a pas au collège de professeur pour enseigner les matières qu'ils doivent étudier, le prieur aura soin de combler cette lacune en leur assignant au dehors des cours qu'ils pourront suivre, mais ils devront sortir et ren-

avant d'obtenir la maîtrise, la licence, temps qui se décomposait de la manière suivante : deux années étaient consacrées à la logique, trois à la philosophie et sept à la théologie. Reçu bachelier, l'étudiant devait expliquer la bible pendant deux ans et portait le nom de *biblicus*. Après s'être reposé pendant un an, il abordait le livre des sentences de Pierre Lombart et prenait le titre de *Sententiarius*. Au bout d'un an, ce bachelier était déclaré bachelier formé et sollicitait la permission d'enseigner la licence. S'il était gratifié de ce privilège, il obtenait généralement la maîtrise après six mois d'un travail soutenu.

A partir du XIVe siècle, pour être bachelier en théologie, il fallait avoir 25 ans d'âge, n'être ni bâtard, ni contrefait. Cette dernière condition ne surprendra personne si l'on se souvient que les études théologiques conduisaient au sacerdoce.

La thèse sorbonique était célèbre depuis le commencement du XVe siècle. Le candidat devait soutenir oralement sa thèse et répondre à ses contradicteurs depuis six heures du matin jusqu'à six heures du soir. Vers midi, l'intrépide athlète prenait un léger repas qui durait un quart d'heure. Pendant ce temps, l'adversaire développait ses moyens d'attaque qu'aussitôt après le soutenant devait résumer pour n'en rien laisser debout.

(Doctorat. L'examen du doctorat (*promotio*) était beaucoup moins difficile que le précédent. En effet, deux questions étaient posées et discutées en deux séances différentes, et dans son discours de réception, le nouveau docteur réfutait les objections qui s'étaient produites. Avant 1366, on dictait les leçons, mais à partir de cette époque, on permit de donner seulement quelques notes pour aider la mémoire).

Voir : 1° *La Faculté de Théologie de Paris, au Moyen-Age et ses docteurs les plus célèbres*, par l'abbé P. Féret, 3 v. in-8°, 1895. A. Picard, 82, rue Bonaparte.

2° H. Prentout, *La Vie de l'Etudiant au XVIe siècle*, à Caen, 1905, in-8°, Caen, Henri Delisques, 34, rue Demolombe.

3° Larousse, *Universités et Grades*.

(1) *Chapitre général de 1301*, publié par l'abbé Douais.

trer tous ensemble (1). Pour activer leur ardeur, ils devront subir une sorte d'examen portant sur l'enseignement de la semaine, tous les mardis, devant le prieur, le sous-prieur ou devant le religieux le plus compétent de la maison et suivant que le temps le permettra (2). Bien plus, tous les soirs, on les interrogera sur les cours de la journée qu'ils ont suivis et cette méthode les obligera d'écouter avec plus de soin et de s'appliquer à mieux comprendre (3). On leur imposera en outre des exercices périodiques, tels que des prédications en français, des conférences, des controverses de logique, de philosophie (4). On obligera tous ceux qui ne sont pas gradués à converser en latin quand ils ne se trouveront pas en compagnie avec des laïcs (5). Les plus savants, les docteurs doivent aider de leurs lumières les élèves qui débutent ou sont moins avancés dans leurs études, en expliquant ou en résumant le sujet du cours. S'ils ne s'y prêtent pas gracieusement, en toute charité, le prieur saura les obliger à rendre un service avantageux pour les autres et pour eux-mêmes, car on s'instruit en enseignant (6).

S'il convient de cultiver, de soigner l'intelligence, il importe aussi de sustenter le corps, car personne n'ignore que le physique influe sur le moral, mais en cela et pour tout le reste, la régularité est essentielle. Comme les repas ont été fixés à une heure qui ne peut nuire aux études, tous doivent s'y rendre s'ils

(1) *Statuts de 1508, art. 3.* — Bibl. nat., Ms. lat., nouv. acquis., 2319.

(2) *Statuts 1365, art. 4.* — Bibl. nat., Ms. lat. 9879.

(3) *Statuts 1508, art. 5.*

(4) *Statuts 1508, art. 6,* 7. — *Statuts 1578, art. 13.*

(5) *Statuts 1508, art.* 7. — *1508.*

(6) *Statuts 1508, art. 4.* — *1578,* Bibl. nat., Ms. lat., nouv. acquis., 2319.

n'ont une raison ou une dispense légitime. Si quelqu'un arrive en retard, il est privé des mets qui ont été servis et peut être réduit à manger du pain sec et à boire un coup de vin, si le potage et la pitance se trouvent déjà absorbés et il ne saurait demeurer au réfectoire après les autres (1). Personne n'est dispensé de la table commune sans permission spéciale ou raison grave, sans une excuse qui se présente pour un gradué, chargé de faire une conférence, ou un élève obligé de prendre part à une discussion publique. Un novice est tenu de faire la lecture pendant le temps de la réfection (2). Le collège de Cluny n'est pas autre chose qu'une réunion de moines, un couvent : on ne peut recevoir toutes sortes de personnes. Mal inspiré serait l'écolier qui inviterait à des agapes, dans une chambre ou lieu fermé, une personne de l'autre sexe, la situation de cette dernière ne pourrait l'empêcher de perdre sa pension pendant un an (3). Les règles monastiques ont toujours sévèrement interdit aux femmes de pénétrer dans la demeure des religieux : les statuts de 1508 et 1578 insistent sur ce sujet. On permet avec peine à une blanchisseuse d'entrer dans le collège et de s'avancer jusqu'à la porte qui conduit au cloître pour parfaire son travail (4). On fait cependant une exception en faveur de nobles dames d'un rang distingué, des parentes des religieux, mais on demande que la visite ait lieu en plein jour, que tout se passe avec gravité et sous la surveillance d'un frère vénérable. Le Chapitre de 1383 concède le même privilège, mais paraît laisser entendre que le collège est ouvert à

(1) *Statuts 1365, art. 16*. Bibl. nat., Ms. lat. 9879.
(2) *Statuts 1508, art. 19 ; statuts 1578, art. 6.*
(3) *Statuts 1365, art. 9, op. cit.*
(4) *Statuts 1508, art. 21 ; statuts 1578, art. 9, op. cit.*

tout venant la semaine sainte et le jour où la confrérie des bourgeois de Paris s'y réunit (1).

Les étudiants de Cluny en sortant de table ont sans doute quelque temps pour se recréer, mais on leur recommande de le faire avec dignité, sans causer de bruit, sans quitter leurs vêtements. Le jeu de paume ne s'accorde guère avec le calme qui doit régner dans le collège et spécialement dans les cloîtres. Celui qui scandalise les passants par ses clameurs, on le condamne au pain sec et à l'eau, le jour où il a commis sa faute (2).

Comme nous l'avons déjà vu, les études méritent l'attention particulière des supérieurs, tout est mis en œuvre pour les encourager. Les écoliers ont à leur disposition une bibliothèque, l'un d'eux en a la garde, avec mission de distribuer à chacun des livres en rapport avec les matières qu'il étudie. Ceux qui reçoivent quelque ouvrage en écrivent sur un registre commun le titre, avec leur nom et la date du jour de ce prêt. L'inventaire des livres se fait chaque année, le mercredi des Cendres, en la présence du prieur ou du sous-prieur. Si quelqu'un vient à mourir, les livres qu'il laisse complètent la bibliothèque commune, à l'exception des ouvrages de droit que l'abbé général se réserve (3). Ce trésor scientifique remonte à Yves de Vergy, comme le prouve un acte de 1257. Il avait donné au collège un manuscrit des évangiles pour être lu au réfectoire et 22 autres volumes qui devaient être attachés à des chaînes scellées dans le mur du cloître (4). Yves de

(1) *Statuts 1508 et 1578. Chapitre 1383*, B. 89, nº 104.
(2) *Statuts 1365, art. 17 ; Statuts 1508, art. 9.*
(3) *Statuts de Henri Ier, 1308-1320. Bibliothec. Cluniac*, col. 1578.
(4) *Bibliotheca Cluniac, col. 1667, Gallia christiana,* III, col 94.

Chasant fit édifier un local spécial pour servir d'abri à la bibliothèque (1).

Si dans tous les temps, les travaux intellectuels ont eu leurs fervents adeptes, ils ont aussi inspiré quelque répugnance à des natures moins privilégiées. Pour combattre l'indolence de la gent écolière on employait parfois, au collège de Cluny, des moyens énergiques. Un élève avait négligé d'aller entendre, un jour de fête, les deux discours qu'on prononçait habituellement à l'Université, il avait oublié de fréquenter le cours, un jour ordinaire, on lui refusait toute nourriture, le midi et le soir, on voulait le corriger en lui faisant souffrir la faim (2). S'il témoignait un manque d'aptitude, sur l'avis du prieur et de la communauté, il était renvoyé à son monastère d'origine (3).

L'étudiant était un religieux, il avait des devoirs à remplir envers Dieu, à raison de la profession qu'il avait faite, il avait promis de chanter les louanges du Seigneur, à divers moments de la journée. Il était obligé d'assister à l'office canonique, le jour comme la nuit, à moins qu'il n'en fût dispensé formellement par les supérieurs (4). Les dimanches et fêtes, la messe se chantait solennellement et tout le monde devait contribuer à rehausser la cérémonie avec une voix plus ou moins harmonieuse ; le pieux prétexte de célébrer une messe privée, à la même heure, ne suffisait pas pour légitimer une absence (5). Celui qui avait violé ce point du réglement ne rece-

(1) Franklin, *Les Anciennes Bibliothèques de Paris*, t. I, p. 363.

(2) *Statuts 1365, art. 6.*

(3) *Statuts 1365, art. 12.*

(4) *Statuts 1578, art. 3.*

(5) *Statuts 1578, art. 4.*

vait rien pour son dîner (1). L'assistance à l'office des Complies et au chant du *Salve Regina* était aussi strictement obligatoire (2). Quel vent de révolution souffla sur le collège, à la fin du XVIe ou commencement du XVIIe siècle ? Dans un manuscrit de cette époque se trouve une lettre d'une écriture plus moderne faisant allusion aux plaintes et aux prières de plusieurs élèves. Le prieur Arnould veut mettre un frein aux singularités de quelques têtes qui veulent que toutes les heures soient chantées ; Yves de Vergy, le fondateur du collège, n'a rien exigé de pareil ; on ne chantera l'office que les jours de Noël et de Pâques, de l'Assomption et de la Nativité de la Sainte Vierge et à la fête de saint Pierre et de saint Paul. Cette décision ne saurait être antérieure à 1578 (3).

Parmi les étudiants du collège, quelques-uns sont prêtres, mais d'autres ne le sont pas. Ceux qui sont revêtus du sacerdoce doivent célébrer une fois la semaine et les autres sont tenus de communier ; s'ils ne le font pas, ils se voient privés de toute nourriture pendant huit jours et nommément proclamés au Chapitre qui se tient le dimanche (4). Il faut avouer que ce châtiment paraît rigoureux, excessif, et on se demande comment les délinquants pouvaient échapper aux coups mortels d'une famine impitoyable. Les réglements de 1508 ne prescrivent aucune pénitence pour ce cas, mais ils invitent les prêtres, même les docteurs, à célébrer les dimanches, les jours de fête et fréquemment, les jours ordinaires, bref, au moins une fois la semaine ; les novices qui n'ont

(1) *Statuts 1365, art. 5.*, Ms. lat., 9870.

(2) *Statuts 1578, art. 4.*

(3) Bibl. nat., Ms. lat., 17338, p. 138.

(4) *Statuts 1365, art. 10.*

pas reçu l'onction sacerdotale sont tenus de communier, au moins une fois le mois et à toutes les principales fêtes, après s'être confessés préalablement aux supérieurs (1).

Nous sommes à la fin de la journée monastique, on a terminé les Complies, les religieux quittent en silence l'oratoire, après avoir reçu l'eau bénite du président, ou de l'hebdomadier, montent au dortoir. En hiver, avant d'aller goûter un repos bien mérité, il leur est permis de fréquenter le chauffoir commun et d'y séjourner jusqu'au moment où la cloche de la Sorbonne se fait entendre et donne ainsi le signal du couvre-feu (2).

Au dortoir, il est recommandé qu'une lampe brille toute la nuit, tous les étudiants doivent y reposer, chacun dans un lit particulier, excepté le prieur à qui incombe la surveillance de la maison (3). En 1365, les maîtres, les prieurs, les bacheliers formés et les infirmes paraissent jouir du même privilège que le directeur du collège : ils ont une chambre où ils demeurent, travaillent et passent la nuit (4). Les statuts de 1508 laissent supposer que le dortoir est composé d'alcôves, de cellules, mais ils défendent d'y manger, d'y faire des repas, d'y établir des cheminées et interdisent l'usage de chemises en lin, ils permettent aux docteurs qui font des conférences d'y travailler (5). La fin des Complies marquait le commencement du grand silence, qui régnait toute la nuit dans le collège et spécialement dans le cloître

(1) *Statuts 1508, art. 18.*
(2) *Statuts 1508, art. 17.*
(3) *Statuts 1508, art. 19.*
(4) *Statuts 1365, art. 18,* Bibl. nat., Ms. lat. 9879.
(5) *Statuts 1508, art. 19 et 20.*

et à l'église (1). La sécurité exigeait qu'on fermât les portes du collège pendant la nuit; pour le faire et les ouvrir le matin, on se réglait sur la cloche des Dominicains, situés dans le voisinage, elle annonçait, par trois coups tintés régulièrement et à heure fixe, le soir et le matin, que le moment était venu. Le portier remettait fidèlement chaque soir les clefs au prieur et les reprenait le lendemain. Les portes du collège ne s'ouvraient que rarement la nuit, pour une raison grave et avec permission spéciale (2). Le prieur ne devait pas s'en rapporter entièrement au gardien de la porte, il avait mission de parcourir chaque soir le collège pour constater que toutes les issues étaient fermées (3).

Les courses à travers la capitale pouvaient être très nuisibles aux élèves de Cluny ; ils étaient exposés à rencontrer sur leur route les plus dangereuses séductions dont la ville était pleine. Aussi leur défendait-on de sortir sans permission et sans un compagnon sérieux, d'entrer dans des maisons suspectes, dans les cabarets, d'assister à des danses, des spectacles, des baptêmes, des mariages. S'ils avaient l'autorisation de s'absenter un jour, autorisation motivée par une réelle nécessité, ils devaient rentrer le soir, sous peine d'être privés de leur bourse pour toute l'année; une récidive les en dépouillait pour toujours (4).

Cluny veillait sur ses religieux et avait souci d'éloigner d'eux tout ce qui pouvait porter atteinte à leur vertu. L'isolement dans une grande ville, le commerce quotidien avec une jeunesse sans mora-

(1) *Statuts 1365, art. 20.*
(2) *Statuts 1365, art. 12.*
(3) *Statuts 1508, art. 26.*
(4) *Statuts d'Henri Ier, 1308-1320; Statuts de 1508, art. 9, 10.*

lité, tout cela constituait un grave danger pour un débutant dans la science et un novice dans la connaissance du monde. Marchant comme un aveugle téméraire, ou inconscient, il ne tarderait pas à faire des chutes lamentables et à glisser dans quelque précipice. Les supérieurs connaissaient cette périlleuse situation et, par la voix des Chapitres, ils intimaient à leurs moines l'ordre de fixer leur domicile au collège de Cluny où une paternelle sollicitude pourvoirait au bien du corps et de l'âme (1).

Les écoliers de Cluny devaient aussi trouver, dans le port de leur habit religieux et de leur tonsure, des préservatifs contre de fréquentes et dangereuses séductions. On leur recommande de ne jamais sortir en ville sans être enveloppés dans leur froc et sans porter sur leur tête une tonsure apparente. Bien imprudent serait l'être humain qui s'attaquerait à une vocation signalée par des symboles si manisfestes (2). Il nous est arrivé de rencontrer sur le chemin de la vie deux religieux étrangers qui se plaignaient avec amertume de la corruption de notre immense capitale. S'ils n'avaient pas jugé à propos d'échanger leur tunique de profession contre un costume civil, plus ou moins distingué, ils n'auraient pas eu la mauvaise aventure d'entendre des paroles peu édifiantes. ! On reprochait aux élèves de déformer leur habit en suivant des modes assez étranges (3). Au XIVe siècle, on adopta des robes assez amples, fendues par devant, souvent boutonnées. On pratiquait parfois des ouvertures pour montrer la blancheur du linge et même de la peau. Les prédicateurs de l'é-

(1) *Chapitres généraux de Cluny, 1526, 1527*, Bibl. de l'Arsenal, Ms. 778.

(2) *Chapitres généraux de Cluny, 1533, 1541, 1546.*

(3) *Statuts de 1365, art. 14* ; *Chapitre général, 1547.*

poque appelaient les fentes des robes, les fenêtres de l'enfer. Sous Charles VII et Louis XI, on portait des robes ornées de fronces ou plis nombreux à chaque côté, avec des taillades sur l'estomac, aux épaules, aux cuisses. Ce sont sans doute ces vêtements que le Chapitre général de Cluny qualifie de déchiquetés. La coiffure prit une ampleur excessive, le chaperon était orné d'une cornette qui descendait plus bas que le dos. Les chaussures étaient encore plus extravagantes, les souliers à la *poulaine* que l'on portait au XIVe siècle avait des pointes démesurées. Philippe IV voulut les réglementer et fixa leur longueur, pour la noblesse, à deux pieds, pour les bourgeois, à un pied, et pour les autres classes, à six pouces (1). L'Eglise réagit contre cet engouement. En 1365, le Concile d'Angers interdit ces sortes de chaussures, Charles V, en 1386, défendit de les porter, sous peine de 5 florins d'amende. En dépit de cette réaction, on continua de porter des souliers à la poulaine *(à la mode de Pologne)*. Entre-temps, les progrès de la cordonnerie firent accepter de nouvelles formes de chaussures : c'étaient des bottines très découpées, très échancrées. N'est-ce pas ces petits souliers que les statuts de 1365, art. 14, stigmatisent ? (2) Les Bénédictins de Cluny ne paraissent pas avoir favorisé le port de la barbe, ils enjoignent aux étudiants de Paris de se raser au moins tous les quinze jours ; ils voulaient sans doute ainsi les dépouiller de tout ce qui pouvaient les confondre avec

(1) Pour que ces inutiles et monstrueux appendices ne pussent gêner la marche, on les relevait avec une petite chaînette qui se rattachait aux genoux. (V. Quicherat, *Histoire du costume en France*, 8, 1875. Hachette, 79, boulevard Saint-Germain, Paris. Voir aussi : Ary Renan.

(2) *Statuts de 1365, art. 14.* — V. *Costume historique,* Racinet.

les séculiers, même avec les civils (1). Il était aussi défendu aux élèves de Cluny de fréquenter les tribunaux, d'y porter plainte comme d'y plaider ; d'ailleurs, ils n'ignoraient pas que les religieux ainsi que les gens d'Église avaient droit à une justice particulière, les fidèles auraient été scandalisés de les voir implorer l'assistance des juges séculiers (2). Henri Ier, dans ses statuts de 1308, veut que les bacheliers et les élèves de Cluny témoignent un grand respect et soumission entière aux prieur et sous-prieur du collège ; si quelqu'un vient à violer ce point du règlement, il se verra impitoyablement exclu, privé de sa pension. Des rébellions avaient peut-être affligé l'autorité, elle décida en 1578 d'ériger une prison pour enfermer et étouffer l'esprit de révolte (3). Les hommes judicieux ont toujours remarqué que la coexistence dans une même enceinte de religieux et de séculiers ne produisait aucun bon effet : il y a plaintes et scandales de part et d'autre.

La communauté du Collège Parisien eut-elle à souffrir du malaise provenant de la réunion de ces deux éléments ? Nous le croyons. En 1308, chaque élève pouvait avoir son clerc, son domestique, si son budget lui permettait de lui donner annuellement une somme de 12 livres. Le Chapitre de 1538 demande qu'on réduise le personnel des serviteurs (4) et supplie les directeurs et régents de se contenter d'avoir un seul domestique particulier à leur service, après

(1) *Chapitre général de Cluny, 1548.*

(2) *Statuts de 1578, art. 15.*

(3) *Statuts de 1578, art. 16.*

(4) Le Chapitre de 1383 avait interdit aux étudiants, même au prieur et sous-prieur, d'avoir des domestiques pour leur usage personnel. A cette époque, les garçons des écoliers étaient généralement de mauvais sujets et souvent des voleurs. (V. A. Luchaire, *Université de Paris sous Philippe-Auguste*, 8° 1899).

avoir mentionné le besoin de quelques employés pour l'usage de la communauté (1). En 1578, on convient de restreindre le personnel séculier et de garder les domestiques indispensables comme le dépensier, le portier, le cuisinier, les valets du prieur, des régents, des docteurs et des bacheliers. Les serviteurs des gradués étaient chargés de balayer les cloîtres et les autres lieux du collège, au moins la veille de chaque fête, et toutes les fois que la nécessité s'en faisait sentir ; le sacristain devait veiller à la propreté et à la bonne tenue de l'église (2).

L'honneur du collège et les progrès des études demandaient que tout fût soigneusement réglé et que chacun observât scrupuleusement les décisions prises pour prévenir certains écarts. Nous savons que les jeunes gens n'ont pas toujours la pondération désirable dans les phases plus ou moins orageuses de leur existence. Stimulés par la vaine gloire, leur amour-propre, l'ambition, ils souhaitent de paraître plus érudits qu'ils ne le sont en réalité et de suivre des cours qui dépassent parfois leur capacité et leur compétence. C'est pour ce motif que les Chapitres généraux défendent aux élèves du Collège Parisien de solliciter l'obtention d'un grade avant d'en avoir reçu la permission formelle et écrite de l'abbé de Cluny (3).

Les statuts de 1508 recommandent de ne point entreprendre l'étude d'une matière avant d'en avoir conféré avec les supérieurs qui ont seuls le droit de décider ce qui convient (4).

Toute thèse qu'on devait soutenir en Sorbonne

(1) *Chapitre général, 1538.*
(2) *Statuts de 1578, art. 7 et 20.*
(3) *Chapitre général de Cluny, 1518.*
(4) *Statuts de 1508, art. 14.*

ou ailleurs exigeait un examen préalable, la signature du prieur, une minutieuse discussion, trois jours durant, par tous les théologiens du collège (1). Il fallait aussi songer au recrutement des collèges et préparer aux études les sujets les mieux doués, les plus aptes et on ne crut mieux faire qu'en instituant des professeurs de grammaire dans les monastères, c'est-à-dire, dans les communautés, comptant plus de douze moines. Ces maîtres devaient développer le goût des choses intellectuelles, former une génération d'élèves dont bon nombre soutiendraient la gloire de Cluny en fréquentant les universités (2).

Après une année de travail assidu, le repos devenait nécessaire, surtout à l'époque des grandes chaleurs (3). Les vacances commençaient ordinairement à la Saint-Pierre et finissaient au 14 septembre (4). Les élèves qui ne pouvaient retourner chez eux, comme ceux qui appartenaient aux régions de l'Empire, d'outre Saône, de l'Auvergne et du Poitou pouvaient demeurer au collège en payant trois sous, six deniers parisis, par semaine (5).

L'étudiant qui était chargé de pourvoir à l'entretien, à l'alimentation du collège, celui qu'on nommait le *procureur*, devait rendre compte de sa gestion, tous les samedis, en présence du prieur et de deux boursiers, au moins, et, une fois l'an, devant le prieur, le sous-prieur et toute la communauté (6). Le prieur du collège de Cluny, qui avait une grande responsabilité et se voyait obligé de

(1) *Statuts de 1578, art. 13.*
(2) *Chapitre général de Cluny, 1600, art. 34.*
(3) *Statuts de 1308.*
(4) Henri Prentout : *opus citat.*
(5) *Statuts de Henri Ier, 1308.*
(6) *Statuts de 1578, art. 18.*

multiplier ses soins, sa sollicitude, ses égards à de nombreux subordonnés, avait aussi droit de goûter les douceurs du repos, de vivre dans la paix et la tranquillité. Si pour donner plus de crédit à son autorité, il recevait une pension honorable, il avait aussi à sa disposition des appartements plus vastes et plus somptueux qu'un simple écolier : trois chambres avec les bibliothèques et leurs dépendances entourant la cour, un grenier à bois, un cellier pour le vin formaient l'ensemble de son habitation (1).

(1) *Statuts de 1578, art. 22.*

CHAPITRE V

RÉSULTAT DES ÉTUDES

Comme nous avons pu le constater, l'ordre de Cluny avait tout mis en œuvre pour encourager et favoriser les études, il souhaitait que sa réputation mondiale reposât sur la science et la sainteté. Hélas ! ses efforts, ses sacrifices ne furent pas toujours couronnés de succès. Dès l'année 1308, des plaintes se font entendre : les élèves du collège de Paris passent trop souvent pour de mauvais sujets, ils mènent une vie licencieuse, quittent l'habit religieux et ne songeant pas plus à Dieu qu'au bon renom de Cluny, ils multiplient les scandales (1). Le Chapitre veut mettre un terme à ces excès en citant à sa barre les plus coupables. Ses verdicts ne semblent pas avoir porté la terreur dans les âmes, car un vent d'indépendance ne tarda pas à souffler : une question d'intérêt matériel en fut l'occasion. Si les supérieurs qui devaient envoyer des étudiants à Paris négligeaient de satisfaire à ce point de la règle, ils se voyaient malgré tout obligés de payer leur pension. Comme il y avait des bouches de moins à nourrir, il résultait de ce fait un réel bénéfice, mais à qui appartenait-il d'en profiter ? La caisse commune paraissait y avoir seule droit ; du reste, qui pouvait possé-

(1) *Chapitre général de Cluny, 1308*, B 89, n° 101.

der parmi les fils de saint Benoît? ils avaient tous horreur du vice de la propriété ! Ce sentiment ne prévalut point parmi la gent écolière, se composant de deux éléments qui ne sympathisaient point : les anciens et les nouveaux élèves.

Les premiers furent juges et parties dans la matière ; ils affirmèrent que tout leur revenait. Ils ne s'arrêtèrent pas là : ils prirent plaisir à tourmenter leurs jeunes frères, leur refusèrent le pain, le sel, le vin et la pitance ordinaire, bien que les provisions, achetées avec l'argent de la communauté, fussent assez abondantes pour nourrir tout le monde jusqu'à la Saint-Jean-Baptiste. Ils leur défendirent en outre de faire appel au personnel domestique de l'établissement pour préparer leurs aliments dans la cuisine commune. Ce religieux blocus, ce siège d'un genre particulier attira l'attention de l'autorité suprême, qui intervint bientôt. Elle accorda aux nouveaux une légère satisfaction et leur permit de choisir, de concert avec leurs aînés, deux procureurs ou économes et d'assister au compte qu'ils devaient rendre de leur gestion, mais ceux-ci conservaient tous les bénéfices pécuniaires et les sommes provenant de locations d'immeubles situés en dehors du collège. Nous aimons à croire qu'elle blâma sévèrement le régime de famine qu'on voulait imposer (1). La sentence rendue à cette occasion ne paraissait pas absolument équitable, il n'y avait pas une entière parité dans le traitement réservé aux uns et aux autres : cette différence trop manifeste inspira une ombre de scrupule aux définiteurs de 1343 (2). Ces personnages éminents venaient d'entendre le récit d'un dé-

(1) *Chapitre général de Cluny*, *1342*, B 89, n° 103.
(2) — — *1343*, ibidem.

plorable brigandage : cinq élèves du collège, nommément désignés, armés jusqu'aux dents, avaient, en dépit des menaces de leur prieur, envahi le domicile d'un clerc, avec l'intention de le frapper, de lui faire un mauvais parti. Ils ne furent pas les plus forts dans cet assaut, ils se virent maltraités et vigoureusement repoussés. Cette rencontre scandaleuse valut aux auteurs du délit une vigoureuse punition : ils furent privés de leurs bourses et renvoyés à leurs propres monastères.

Cependant, comme on craignait que cet arrêt ne se trouvât vicié par quelque erreur, on leur accorda quelque délai pour se justifier. D'autres abus se manifestèrent : on mangeait, on dormait dans des chambres séparées, sans motif, sans permission, et surtout on ne travaillait pas, on s'abandonnait à l'oisiveté la plus désolante (1). Depuis vingt ans, pas un étudiant n'avait conquis le bonnet de docteur et quelques-uns seulement avaient été proclamés bacheliers ; d'aussi graves errements réclamaient de prompts remèdes. De nouveaux règlements entrèrent en vigueur : devait être congédié tout écolier qui ne serait pas bon logicien après sept années d'études et un sage théologien, après un temps égal (2). Le prieur du collège était chargé, après avoir consulté ses confrères, de remplacer les élèves exclus, par d'autres plus jeunes, doués de connaissances suffisantes et de nobles qualités. Cette décision excita une véritable révolte ; les étudiants s'unirent et jurèrent de ne recevoir personne au lieu et place de ceux qui seraient renvoyés. C'est la marche vers l'indépendance, l'autonomie, que les censures et pri-

(1) *Chap. généraux de Cluny, 1342 et 1343*, B 89, n° 103.

(2) *Chap. général de Cluny, 1344*, B 89, n° 103.

vations de pensions ne sauront entraver (1). Simon de la Brosse, abbé de Cluny, publia en 1365 des statuts dont la sagesse et la sévérité ne réussirent pas à enrayer le mal (2). En 1383, Raymond de Cadoëne, grand prieur de Cluny, contristé de tout ce qui se passait au Collège de Paris, crut bon d'intervenir en fixant un terme pour obtenir les grades : celui qui n'était pas bachelier, après neuf ans, et maître, après treize ans d'études, n'était pas digne, à son avis, d'être compté parmi les élèves que l'ordre entourait de sollicitude, on devait les congédier sans retard et sans misécorde (3).

Les étudiants paraissent être toujours en révolte, puisque ce vénérable religieux les somme de recevoir le nouvel élève qui apportera avec lui le prix de sa bourse. Le prieur de la Voulte, Maurice de Montclair, reçoit mission de se transporter au collège de Cluny pour s'informer de l'état des esprits. Là, il découvre que l'anarchie règne en maîtresse, on ne fait aucune attention aux ordres et réprimandes des supérieurs. Les écoliers sortent seuls en ville, sans permission ; si on vient à les interroger sur leurs cours, ils se hâtent de détourner la conversation. Les progrès sont fort lents, d'aucuns réussissent péniblement à devenir bacheliers en théologie, après quinze ans d'études, d'autres sont de mauvais logiciens, en dépit de leur douze années de collège. Quel est la cause de ces graves désordres ? On ne sait trop, cependant on s'accorde à reconnaître que tout le mal provient de la cherté des vivres, de la modicité des bourses et de la négligence qu'on apporte pour

(1) *Chap. généraux de Cluny, 1345, 1352*, B 89, n° 103.

(2) *Statuts de 1365.*

(3) *Chapitre général de Cluny, 1383*, B 89, n° 104.

les solder. Comme les élèves n'ont pas assez de ressources pour vivre, souvent ils sont obligés de retourner à leur monastère d'origine et de s'absenter pendant plusieurs années. Ce n'est pas en voyage qu'ils contractent des habitudes vertueuses et affermissent leur goût pour les études. Pour ramener le calme et la paix dans le collège, il suffirait, dit-on, d'évincer cinq ou six mauvaises têtes ; il n'y aurait plus aussi de vagabondage, si on augmentait la valeur des bourses, tout en diminuant leur nombre, pourvu qu'on s'appliquât à en payer régulièrement le prix. Un respectable personnage donne en dernier lieu son opinion : à l'entendre, les écoliers de Cluny sont fort peu recommandables : ce sont des incapables, des joueurs de dés, des soudards qui n'ont pas rougi d'introduire et de cacher des armes dans le monastère. Ils ont été choisis, non d'après leur mérite, mais grâce à des faveurs regrettables. Il souhaite qu'on désigne pour réformer le collège un homme puissant en parole et en œuvres, calme, pacifique, qui saura bannir les brigues, les abus, refuser des chambres à tous ceux qui ne seront pas bacheliers et ouvrir grandes les portes de l'établissement aux élèves qui en seront dignes, sans tenir compte des recommandations (1). Cette visite eut pour conséquence l'élimination de plusieurs étudiants ; l'un d'eux qui avait été présenté par le monastère de Nogent-le-Rotrou (Eure-et-Loir) n'avait rien fait pendant les dix ans qu'il était resté au collège (2). Les autres furent indignés du rapport qu'on avait fait contre eux et voulurent se venger en refu-

(1) *Visite du collège de Cluny, 1386. — Chapitres généraux de Cluny*, Bibl. Palais-Bourbon et Bibl. nat., Ms. latin, nouv. acq., 2277.

(2) *Visite du collège de Cluny*, ibid., 1386.

sant de recevoir les visiteurs, en 1388, et de leur donner l'hospitalité (1). Quelques années plus tard, les prieurs de Saint-Martin-des-Champs et de Crépy furent chargés de rétablir le bon ordre dans le Collège Parisien ; on ne voit pas qu'ils aient réussi (2). Il y avait toujours lutte entre les jeunes élèves et les anciens, et ceux-ci réclamaient toujours des nouveaux, des *becs jaunes*, des gratifications, à leur entrée, bien que cette exigence fut strictement prohibée (3). On gémissait depuis longtemps sur le marasme dans lequel étaient tombées les études ; pour les régénérer, on estimait qu'il serait salutaire de renouveler les élèves. Après cinq années de théologie, les écoliers qui avaient des aptitudes et observaient les réglements étaient autorisés par l'abbé de Cluny à prolonger leur séjour, ce dont ils devaient informer leurs supérieurs immédiats, tandis que les incapables et les indisciplinés avaient ordre de regagner les monastères qu'ils avaient quittés et de céder la place à des natures moins rebelles. L'oisiveté et la rebellion n'avaient plus droit de s'éterniser au collège de Cluny. Cette détermination alarma les étudiants de mauvaise foi, sans les déconcerter, ils affirmaient qu'ils se trouvaient dans une communauté où ils pouvaient séjourner aussi longtemps qu'ils le voulaient, ils y étaient stabilisés ; on ne saurait les en chasser qu'en leur assignant un avantageux bénéfice qu'il leur serait loisible d'accepter ou de refuser. Cette étrange doctrine, cet esprit de révolte avaient été légitimés par une sentence du parlement de Paris en 1411 (4). La lutte est engagée, elle se poursuivra pen-

(1) *Chapitre général de Cluny, 1388.*
(2) — — *1392.*
(3) — — *1397.*
(4) *Arrêt du parlement de Paris, 1411,* Arch. nat., X[1a] 58, fol. 269.

dant de longues années, au détriment de l'autorité. En 1458, on observe que la maison d'études que les Clunistes possèdent dans la capitale donne asile à de nombreux jeunes gens, nullement soucieux de réaliser des progrès dans la science ; la bonne réputation de l'ordre demande qu'on leur enjoigne d'aller exhiber ailleurs leur monastique indolence. Quant aux élèves ayant obtenu le grade du doctorat, on leur commande de retourner à leurs anciens monastères où des honneurs et des bénéfices les attendent ; leur départ permettra au prieur des boursiers de donner leurs places à de jeunes religieux qui sauront profiter des faveurs qu'on leur accordera (1). Cette mesure n'agrée pas aux étudiants de Cluny, elle est contraire à la fondation et aux statuts du collège, puisqu'elle bouleverse leurs idées et déconcerte leur résolution de prolonger, à loisir, leur séjour à Paris, et le Chapitre de 1459 a la faiblesse de la rapporter et de déclarer implicitement que le temps des études ne sera plus limité (2). Le séjour de la capitale et des grandes villes ne manque point de charmes, on s'y rend sous prétexte d'étudier, mais en réalité pour y mener une vie licencieuse et donner libre carrière à des instincts pervers. C'est là qu'on va dépenser des revenus que de pieux et généreux bienfaiteurs avaient établis, non pour alimenter le vice, mais encourager la prière et la vertu. Lorsque les supérieurs citent à comparaître devant leur tribunal ces faux amateurs du savoir, ces moines en rupture de ban, ils répondent qu'ils relèvent de l'Université et il leur suffit d'en fréquenter les cours pendant quinze jours pour mériter cette protection. On excommu-

(1) *Chapitre général de Cluny, 1458.*
(2) — — *1459.*

nie ces rebelles, on fait afficher les censures dont ils sont frappés, aux portes des bâtiments universitaires, mais rien ne les ramène au devoir, les étudiants Clunistes ont conquis, en luttant, une désastreuse indépendance (1).

Les religieux qui ont couronné leurs études en recevant le titre de docteur pourraient rendre de signalés services en professant en divers collèges ou monastères ; on implore leur dévouement, on les sollicite de répondre aux ordres de leurs supérieurs et d'accepter l'obédience qu'ils leur indiqueront, tant qu'ils ne seront pas pourvus de quelque bénéfice ou chargés d'une mission. L'enseignement qu'ils donneront sera la meilleure manière de témoigner leur reconnaissance aux couvents qui leur ont permis de faire des études complètes. Les Chapitres paraissent insinuer que les gradués devaient professer pendant quelque temps dans le collège qui les avait formés, ordinairement pendant un an, ou deux ans. En 1600, sommation est faite aux docteurs de ne pas y demeurer plus de six mois après la conclusion de leurs études. Ce n'était peut-être pas sans raison qu'on agissait ainsi avec autorité, les étudiants de Cluny quittaient sans doute avec regret Paris, les grandes villes et prenaient sans enthousiasme le chemin qui devait les ramener à l'humble communauté, isolée, perdue dans quelque coin sauvage de la province, où ils avaient accompli leur noviciat et prononcé leurs vœux (2).

En terminant cette première phase de l'histoire du collège de Cluny, situé à Paris, il convient d'é-

(1) *Chapitres généraux de Cluny, 1462, 1464, 1466, 1476, 1489, 1490.*

(2) *Chapitres généraux de Cluny, 1525, 1571, art. 41 ; 1600, art. 30.*

voquer le nom de deux hommes vertueux et zélés qui ont essayé d'arrêter sur la voie du relâchement nos jeunes étudiants. Le premier, Philippe Bourgoing, grand prieur de l'abbaye de Cluny, essaye, en 1508, de leur inculquer l'amour de la science, car il savait que l'érudition est toujours fort utile. François de Rives, également grand prieur de Cluny, sans négliger divers points qui donnent de la cohésion au labeur intellectuel, s'attache à leur rappeler les principaux devoirs d'un moine envers Dieu, l'assistance régulière à l'office divin, la célébration de la messe et la communion plus ou moins fréquente, 1578 (1).

(1) *Statuts de 1508 et 1578.*

CHAPITRE VI

RÉFORME DU COLLÈGE DE CLUNY

Congrégations de Saint-Vanne et de Saint-Maur.

A la fin du XVIe et au commencement du XVIIe siècle, des idées nouvelles, des excès graves, de scandaleux désordres qui avaient troublé l'Eglise et les ordres monastiques les plus célèbres avaient importé dans les milieux les plus édifiants un esprit d'insubordination qui devenait pour les meilleures sociétés un fâcheux dissolvant. Cluny, dont le nom était illustre dans tout l'univers, Cluny, dont les premiers abbés avaient sanctifié par leurs conseils et leurs exemples les populations de vastes royaumes, se voyait tourmenté d'un mal qui semblait incurable. La Providence eut pitié de son infortune et suscita un homme qui employa son intelligence, sa bonne volonté et sa vertu pour délivrer cet ordre du malaise qui le rongeait et l'affaiblissait de jour en jour davantage. Il naquit, en 1573, et se nommait Laurent Bénard. Ses parents, qui occupaient une situation très honorable dans la ville de Nevers, lui donnèrent une solide éducation, et comme il avait l'esprit vif et porté à la piété, ils n'eurent pas de peine à cultiver, développer les nobles qualités qui avaient germé dans son âme. Dès ses années les plus tendres, il prit l'habit religieux et fit profession dans le monastère de Saint-Etienne de Nevers, qui dépendait de l'abbaye de Cluny. Il captivait la bienveillance de tout le monde par un naturel fort doux, gracieux, affable. Il était doué d'un esprit clair, subtil, vigoureux, son regard et son port extérieur reflétaient la candeur et la pureté de son âme. Comme il était vertueux et intelligent, il aimait le travail. De vieux moines qui ne supportaient pas ce qui brille prirent plaisir à le persécuter. Craignant qu'il ne les supplantât par son savoir, ils l'empêchèrent d'aller étudier chez les Jésuites de la ville. Il fut obligé de compléter son éducation tout seul, mais il s'estima très satisfait qu'un religieux de Saint-Ignace consentît à lui prodiguer ses conseils et ses encouragements. Par une faveur spéciale, il fut envoyé à l'université de Bourges pour étudier la philosophie, où il se distingua par son talent.

Lorsque les Jésuites quittèrent la France, on lui proposa d'accepter une de leurs chaires et d'enseigner la rhétorique, mais il refusa et voulut se retirer dans son monastère pour se donner à Dieu et vaquer à ses études. Mal lui en prit, il fut haï et maltraité. Ses supérieurs, non contents de l'abreuver d'affronts et d'injures, l'envoyèrent à Cluny avec des lettres où ils le représentaient comme un moine désobéissant et rebelle. Trompé par les rapports qu'on lui faisait, l'abbé le réprimanda sévèrement. Dom Laurent Bénard l'écouta d'abord avec patience et lui demanda ensuite la permission de parler. Il se justifia si pleinement que le Général reconnût sans peine son innocence et les calomnies qu'on avait formulées contre lui. L'ayant pris en amitié, il ne consentit pas qu'il s'en retournât vivre avec des religieux si peu dignes et l'envoya au prieuré de Saint-Sauveur de la même ville où il fut nommé sous-prieur. Comme il n'avait aucune inclination pour les dignités, il refusa cette charge honorable et demanda à enseigner la rhétorique à ses confrères qui voudraient étudier et seraient jugés capables de le faire. Son désir fut exaucé, mais des hommes qui vivaient dans une noire ignorance et voulaient que la science des autres ne les fît pas rougir s'ingénièrent à paralyser l'exercice de son zèle. Il sollicita alors la faculté d'aller achever ses études, à Paris, au collège de Cluny. En arrivant dans la capitale, deux soldats l'arrêtèrent et voulurent le dépouiller du peu d'argent qu'il avait ; il échappa au danger qui le menaçait, grâce à l'approche d'un carrosse. Il s'appliqua avec ardeur à l'étude et, après quelques années seulement, il mérita de recevoir le bonnet de docteur en Sorbonne et la science dont il fit preuve lui valut les applaudissements de tous les assistants. Le Recteur de l'Université lui dit qu'il était le dernier par le rang, mais le premier par ses talents. S'étant donné à la prédication, il se fit remarquer et devint célèbre. Comme le collège de Cluny n'avait pas de prieur, l'abbé Général jeta les yeux sur Dom Laurent Bénard et lui conféra cette charge en lui en expédiant les provisions. Ces lettres tombèrent entre les mains du grand Vicaire du Général qui se trouvait à Saint-Martin-des-Champs ; celui-ci les garda et ne les livra jamais. Dom Laurent Bénard, voulant réparer cette injustice, s'en plaignit à la cour. Comme il avait une lettre de l'abbé de Cluny, qui le qualifiait de prieur du collège, ce tribunal reconnut son bon droit et lui ordonna de prendre possession sans retard. Il trouva cette maison d'études dans le plus grand désarroi, par la faute et la négligence de ses prédécesseurs. Il n'y avait que quatre ou cinq élèves, tout le reste du logement était loué à des séculiers. Dans le dortoir habitaient pêle-mêle des religieux et des séculiers, les portes ne fermaient ni jour ni nuit, on passait dans les cloîtres comme dans une rue, les hommes et les femmes s'y rencontraient, les rares écoliers qui s'y trouvèrent n'avaient aucun respect pour les supérieurs et l'un d'eux, Antoine Régnier, ne se fit aucun scrupule de frapper Dom Noël Baudinot, son prieur, en 1578 (1).

Ce collège n'avait plus de forme de monastère, Dom Bénard ne le pouvant souffrir plus longtemps, il congédia les séculiers, ferma les portes et lui donna une toute autre mine. La renommée de sa doctrine et de sa vertu qui le faisait connaître lui amena nombre de religieux qui vinrent se mettre sous sa direction. Sa charité s'étendit plus loin : il recevait et logeait les Bénédictins qui venaient à Paris pour leurs affaires. Il les assistait de ses moyens et de son crédit pour empêcher les injustices que commettaient les abbés commendataires. Quand il voyait un religieux de Saint-Benoît s'écarter de la bonne voie, il l'en reprenait avec tant de bonté que personne ne s'en fâchait. S'il lui arrivait d'en rencontrer un autre avec un habit peu décent, il lui observait qu'il avait tort de se comporter ainsi et ses avis étaient si modestes et si fraternels qu'ils étaient toujours écoutés (2).

Quand Dom Laurent Bénard fut-il nommé Prieur du collège de Cluny ? Il serait difficile de préciser, mais on peut supposer que ce fut vers 1600 ou peu après. En effet, un incident fort grave le met en évidence et permet de rectifier une erreur que les

(1) Archives nationales, S 1445.

(2) Bibl. nat., Ms. fr. 17669 et 17670.

circonstances paraissaient lui présenter comme l'expression de la vérité. On n'oublie pas que l'Abbé général l'avait lui-même préposé à la direction du collège, par suite de ce fait, il se croyait peut-être indépendant de l'ordre. Le grand Prieur de Cluny n'avait pas montré une grande inclination pour sa personne puisqu'il avait supprimé ses lettres de nomination. Cette conduite d'un si éminent personnage pouvait lui inspirer une légitime méfiance et le mettre en garde contre des Clunistes venant lui proposer les choses les plus inoffensives. Aussi, Louis de Clèves, Prieur de la Charité, fut-il surpris de rencontrer chez Dom Laurent Bénard une certaine résistance quand il voulut le soumettre à la visite régulière, et de l'entendre répéter qu'il était Prieur titulaire et qu'il était exempt de tout contrôle. Ce n'est pas sans raison qu'on lui observa que le Prieur du collège de Paris et les élèves étaient annuellement révocables, comme l'avait encore reconnu le dernier chapitre de 1600. D'où provenait cette illusion ? Etait-ce une réminiscence de la doctrine de ces anciens élèves peu exemplaires qui avaient jadis formé une sorte de syndicat, une alliance défensive pour se ménager à eux seuls et à leurs amis l'entrée de cette maison d'études, où ils se disaient indépendants ? Quoi qu'il en soit, les choses ne traînèrent pas en longueur, une sentence obtenue au grand conseil, le 27 octobre 1605, ordonna que la visite aurait lieu en dépit de tout appel, et de toutes protestations. Il nous peine de voir un homme aussi vertueux traité de rebelle, au commencement de sa carrière toute de bienfaisance (1). Un instant, sa

(1) Arch. nat., LL 1350. D. L. Bénard ne fut point paisible possesseur du prieuré du collège de Cluny ; Dom Garnier le lui disputa. Arch. nat. S, 1445.

confiance fut ébranlée, et craignant de ne pouvoir remplir ses devoirs d'état, de faillir à sa mission, il songea à demander asile à un autre institut, et à se retirer parmi les Pères Jésuites. Il écrivit pour ce sujet, en 1604, une lettre au R. P. Aquaviva, Général de la Société, afin de solliciter la grâce d'y être reçu. La réponse ne fut point ce qu'il désirait et l'obligea de rester fidèle à sa première vocation. Désolé de tous les désordres dont il était le témoin, il chercha, sans trêve ni merci, les moyens de réformer l'ordre bénédictin. Ramassant de tous côtés les plus beaux esprits qu'il remarquait dans les monastères pour les faire étudier dans son collège, il leur infusait le désir de pratiquer la régularité monastique et se sentait de plus en plus convaincu que la réforme réussirait seulement avec de l'esprit et de la science. Il faut croire que Dieu l'avait vraiment inspiré sur ce point (1). Parmi les jeunes gens qui vinrent s'instruire ou s'édifier à Cluny, il convient de citer ceux qui ont fait la gloire de cet institut et fourni une précieuse assistance au dévoué Prieur. Ce fut d'abord Anselme Rolle, profès de Saint-Pierre de la Réole. Dieu lui avait donné de grands talents naturels, un bel esprit, vif et pénétrant, des sentiments d'une émouvante piété, un extérieur touchant, une humeur douce, en un mot, des qualités si remarquables qu'on ne pouvait le voir sans aimer le bien. N'est-ce pas sa modestie angélique qui éblouit Dom Adrien Langlois, prieur de Jumièges, et le gagna à la cause d'une observance plus parfaite ? Il se rendit à Saint-Vanne et fit profession en 1612. Martin Tesnières, prêtre du diocèse d'Angers, rencontra souvent chez les religieuses de Montmartre des béné-

(1) Arch. nat., L 815 ; Bibl. nat., Ms. f. 17671, p. 4.

dictins de Saint-Vanne ; touché de leur vertu, il embrassa leur règle. — Thomas Baudry, natif d'Evron (Mayenne), alla étudier la théologie au collège de Cluny où Dom Laurent Bénard le reçut avec bonté et une véritable joie. Ayant remarqué que la jeunesse était un peu négligée, faute de maître qui la formât dans les lettres et la piété, il s'offrit pour lui donner ses soins. Comme il avait des manières douces, charitables et qu'il s'expliquait avec netteté, il gagna l'affection de ses disciples qui devinrent d'excellents écoliers et entrèrent plus tard dans l'ordre.

Athanase de Mongin, natif de Franche-Comté et profès de Luxeuil, connut Dom L. Bénard, au collège de Cluny, et embrassa la réforme à Saint-Vanne, en 1612.

Colomban Regnier, originaire du diocèse de Clermont, alla étudier au collège de Cluny. Comme il désirait une vie plus parfaite, il suivit ses condisciples et fit profession à Saint-Vanne, en 1614.

Hugues Ménard naquit à Paris et fit profession à l'abbaye de Saint-Denis. Les paroles : que *sert à l'homme de gagner l'univers*, le frappèrent et la vanité des choses du monde le poussa à embrasser une règle plus sévère. Il prit l'habit et fit profession à Saint-Vanne, en 1614 (1). Comme nous le voyons, les meilleurs élèves du collège de Cluny quittaient tout, même leur vénéré Supérieur qu'ils affectionnaient si tendrement et allaient au-delà des frontières chercher une perfection qu'ils ne trouvaient pas dans leur propre pays. Dom Rolle, ayant fait profession à Saint-Vanne fut si heureux d'être entré, dans une sainte congrégation, qu'il souhaitait de communiquer aux autres le même avantage. Il écrivit au

(1) Bibl. nat., Ms. f. 17671.

R. P. Laurent Bénard pour l'inviter à participer à son bonheur. Ce grand homme hésita d'abord ; cependant le désir de voir ses chers disciples et d'éprouver par lui-même si la régularité était aussi exacte qu'ils le disaient, l'engagea d'aller à Saint-Vanne. Il fut très édifié du genre de vie que l'on y observait ; mais il appréhendait qu'une vie si austère ne fût contraire au bien qu'il désirait établir dans son collège. Il persévéra quelque temps dans ces sentiments, puis finit par croire que le moment était venu d'établir une sérieuse réforme en France. S'étant adressé à son bien-aimé disciple Dom Rolle, il lui fit connaître les sentiments qui agitaient plusieurs monastères de son pays ; ce dernier en donna aussitôt avis à ses supérieurs qui se trouvaient alors réunis en chapitre à Saint-Mihiel (1). Dieu permit qu'un religieux, nommé Dom Pierre du Loir, sollicité par ses parents, demanda la permission de les aller voir en Normandie. On l'y autorisa et on lui donna pour compagnon de voyage, Dom Rolle, qui était chargé d'examiner si les esprits étaient disposés à embrasser la règle de Saint-Vanne. Lorsqu'ils arrivèrent à Paris, ils logèrent au prieuré de Saint-Denis de la Chartre. Dom Didier de la Cour, qui avait pris la fuite pour échapper à l'honneur de diriger sa Congrégation, se trouvait dans la même ville et habitait le collège de Cluny. Il y avait été reçu comme un ange du ciel, comme un envoyé du Seigneur. Dom Laurent Bénard avait de longues et fréquentes conférences avec lui, il prenait un singulier plaisir à l'entendre parler des progrès de son œuvre et lui demandait souvent s'il ne pourrait pas l'introduire en France. Après mûres réflexions, ils crurent avoir découvert

(1) Meuse.

l'heureuse combinaison qui permettrait d'implanter, de propager la réforme dans notre capitale et dans notre pays. Saint-Vanne avait reçu de nobles vocations, d'excellents jeunes gens de France, il convenait que, pour en témoigner sa reconnaissance, il donnât à quelques-uns de ses religieux la mission de rétablir le bon ordre dans les communautés bénédictines de cette contrée. On jeta premièrement les yeux sur le collège de Cluny où de bons maîtres feraient apprécier la réforme. Dom Anselme Rolle et Dom du Loir furent désignés pour enseigner les élèves qui se présenteraient et introduits dans l'établissement par Dom Didier qui les avait visités et armés de conseils pour se comporter avec sagesse dans la nouvelle situation qui leur était départie. Pendant que le premier professait avec toute l'ardeur dont il était capable, l'autre ne tardait pas à prendre le chemin de la Lorraine où il portait une lettre que Dom Laurent Bénard écrivait aux supérieurs de Saint-Vanne. Cet écrit nous fournit plusieurs renseignements particuliers. Il se propose de leur abandonner son institut avec tous ses droits et les supplie de lui envoyer des professeurs pour enseigner les humanistes et les théologiens qui lui sont confiés et qui, en recevant des leçons à domicile, ne perdront pas leur temps, en faisant à l'extérieur des courses inutiles et dangereuses pour la piété et le recueillement. Comme une longue expérience lui a fait connaître les avantages et les défauts de l'enseignement, il en profite pour formuler des remarques qui lui paraissent justifiées. Il souhaite qu'on mette entre les mains des philosophes et des théologiens des auteurs imprimés et qu'on emploie à une fervente dispute le temps qu'on passe à dicter. Le régent donnera un résumé de la leçon ou l'élève le fera lui-même. Une demi-douzaine d'écoliers suivront pendant l'Avent et le Carême les six premiers prédicateurs de la ville et dans l'espace de deux ans ils prépareront douze avents et douze carêmes. Tout en s'exerçant à la déclamation, ils liront de bons auteurs français. Dom Laurent Bénard proclame qu'il serait très avantageux aux Vannistes d'avoir un collège à Paris, auprès de la Sorbonne, collège qui deviendrait bientôt une petite Sorbonne, car les étudiants attirés par leur grande réputation viendraient en foule suivre leur enseignement. Les réformés pourront entrer et vivre au collège de Cluny, sans être remarqués, car depuis longtemps on y loge toutes sortes de bénédictins de Flandre et de Bourgogne, d'Angleterre, d'Espagne et d'Italie. Si on n'y recevait pas des étrangers, l'établissement serait désert, l'Ordre de Cluny n'y envoie personne, car les Prieurs de cette Congrégation n'appréhendent rien tant que de voir dans leurs maisons des hommes pieux et lettrés. Le collège est vaste, 50 religieux y trouveront facilement place et les étrangers peuvent l'habiter sans préjudice des 27 boursiers. Ceux-ci fourniront amplement à leur entretien et de nombreux pensionnaires procureront des ressources. Les provisions de bouche ne manquent pas, la recette du revenu demeure satisfaisante, l'argent liquide se compose de 1000 livres. Il ne faut point désespérer de l'avenir : des dons et libéralités se multiplieront à l'occasion des messes basses, les religieux donneront des retraites aux laïques et aux religieuses bénédictines, ils recevront des bénéfices. Il n'y a rien à craindre de l'autorité ecclésiastique, puisque le prince Louis de Lorraine, archevêque de Reims et abbé de Cluny, lui a permis par écrit de réformer son collège.

La réponse que les moines de Saint-Vanne firent au mémoire de Dom Laurent Bénard comprenait les cinq articles suivants qui résumaient leurs volontés et tendaient à maintenir la bonne observance :

1° L'autorisation que le Prieur du collège a obtenue de l'abbé de Cluny sera confirmée par le Pape, homologuée en cour de parlement et communiquée au Procureur de la Congrégation Clunisienne.

2° Les religieux qui viendront de Saint-Vanne seront gouvernés en tout et partout par un supérieur de la même Congrégation, maintenus en la même observance qu'on y garde et entièrement exempts de la visite des supérieurs de Cluny. Si ceux-ci les molestaient en ce qui regarde l'observance régulière, il leur serait permis de se retirer.

3° Les religieux n'iront point au dehors prendre ou donner des leçons, ils recevront l'enseignement à domicile ; ils ne seront point obligés d'enseigner la philosophie ni les humanités.

4° Tous ceux qui seront admis au collège devront se conformer aux réformés pour la nourriture, la disposition des heures de l'office et pour tout ce qui touche la modestie religieuse.

5° La Congrégation de Saint-Vanne s'engage à entretenir, un an durant, six religieux à ses frais, à raison de 50 écus pour chacun.

En dépit de ses appréhensions, la Congrégation de Saint-Vanne envoya six religieux au collège de Cluny : Dom Jean Placide, Dom Athanase de Mongin, Dom François-Paul Cachet, Dom Jérôme Coquelin, Dom Chrysostome et frère Alexis Gobert, commis, 1612. Les cinq premiers, sans avoir égard au troisième article dont nous avons parlé antérieurement, se mirent à enseigner chacun leur classe. Dieu bénit leur travail, car le collège de Cluny, qui était presque désert auparavant, se remplit de bons sujets, les abbayes et les monastères y envoyaient des écoliers pour se familiariser avec la piété et les belles lettres. Avec quelle joie Dom Laurent Bénard reçut ces ouvriers de bonne volonté. Il ne regarda point ces religieux, comme des subordonnés, mais comme des coopérateurs dans l'œuvre de régénération qu'il avait entreprise; il leur laissait pleine liberté d'administrer leur classe, comme ils l'entendaient ; d'en régler tous les exercices, les compositions, les disputes, de choisir les auteurs. Dom Bénard ne négligea point le côté spirituel ; tous les jours il faisait des exhortations au Chapitre, après la lecture du martyrologe, sur les devoirs des vrais moines et les principaux articles de la règle de Saint-Benoît. Joignant l'exemple aux bons conseils il voulut imiter les austérités de ses hôtes, mais comme il n'avait jamais pratiqué ce genre de vie, il sentit ses forces si épuisées par le jeûne que pendant quinze jours son estomac se révolta à le déconcerter. Dieu récompensa son zèle et lui donna dans la suite la force d'observer un régime qui lui avait d'abord paru intolérable. Comme les Pères de la réforme avaient été indisposés, le Prieur du collège croyant que cela pouvait provenir de l'abstinence perpétuelle, il demanda en secret aux Supérieurs d'accorder quelques adoucissements à la règle. Ceux-ci refusèrent avec énergie ; Dom Laurent Bénard les approuva et accepta leurs mortifications tout en nuisant à sa santé. Le collège de Cluny avait changé de face, les élèves qui le fréquentaient devinrent de véritables apôtres, non contents de se donner à la réforme, ils l'introduisaient dans les communautés où ils avaient passé leurs jeunes années.

Au mois de mai, 1618, Dom Didier de la Cour et les

autres supérieurs qui gouvernaient la Congrégation de Saint-Vanne se réunirent à Saint-Mansuy (Toul), Dom Bénard se rendit et prit part à cette assemblée. Comme ils savaient que le roi de France ne souffrirait point que les religieux de son pays dépendissent d'une province étrangère, aussi petite que la Lorraine, ils prirent une généreuse détermination ; ils permirent d'ériger dans les provinces françaises une nouvelle Congrégation de l'ordre de Saint-Benoît, avec les règles et les observances pratiquées à Saint-Vanne, qui prendrait le nom qu'on jugerait à propos de lui donner, serait gouvernée par le Supérieur général qu'on choisirait, et adopterait les monastères dépendant de la religion de Lorraine, comme Saint-Augustin de Limoges, Noaillé, dans le Poitou, Saint-Faron de Meaux, Saint-Pierre de Jumièges, Notre-Dame de Bernay, en Normandie. En signe d'une sainte amitié, les deux sociétés devaient se promettre une assistance mutuelle de prières.

Le vertueux Prieur du collège de Cluny avait reçu tout pouvoir pour réaliser ces grandes choses. Sans plus attendre, il revint à Paris et, de concert avec Dom Anselme Rolle, Dom Maur, Tassin, Dom Martin Tesnière, tous trois, supérieurs d'abbayes réformées, ils s'assemblèrent, le 29 mai, au collège de Cluny, pour conférer sur le bon gouvernement de leurs monastères et sur les moyens de recevoir les autres maisons qui voulaient s'y aggréger. Ils firent quelques règlements dont nous citerons les principaux :

1° Toutes les affaires qui concernent le spirituel et le temporel des monastères réformés ou à réformer se régleront à la pluralité des voix.

2° Dom Laurent Bénard différera de prendre l'habit et de faire son noviciat, afin d'être plus en état de procurer le bien de son Collège et de la Congrégation, à laquelle il promettra obéissance par écrit comme il l'a déjà fait de vive voix. Il prendra part aux assemblées délibérantes et aura les mêmes pouvoirs que les autres Supérieurs.

3° Il sera chargé des affaires de la Congrégation tant en cour de Rome qu'à Paris.

A la suite de cette réunion, Dom Laurent Bénard sollicita des lettres patentes du roi Louis XIII, pour l'érection de la nouvelle Congrégation, lettres qui furent expédiées au mois d'août suivant ; elles formulaient plusieurs conditions. La nouvelle Société, disaient-elles, portera le nom d'une ville ou d'une abbaye du royaume et le premier Chapitre général qui se réunira tranchera cette question. Cette Congrégation, qui n'aura rien d'étranger, sera gouvernée par un Supérieur général français, soucieux d'observer les lois du pays. Le Souverain accorde à tous ses sujets qui le désireront, la faculté d'embrasser cette réforme et de l'honorer de libéralités et d'aumônes. Les religieux qui en feront partie pourront s'assembler quand il en sera besoin pour régler leurs affaires, nommer et instituer leurs supérieurs et officiers.

Le collège de Cluny, qui était une maison uniquement destinée à l'enseignement, n'était pas un lieu favorable pour observer une régularité exacte. La nouvelle réforme avait besoin d'un monastère dans la capitale où elle pourrait édifier les fidèles, tout en vaquant aux œuvres diverses de son apostolat. Dieu qui connaissait la pureté de ses intentions lui fournit les moyens de s'établir aux Blancs-Manteaux. Ce modeste couvent avait été bâti à Paris, en 1258, pour des religieux mendiants, venus de Marseille, nommés les Serfs de la Vierge. Comme ils portaient des manteaux blancs, le peuple les appela les Blancs-Manteaux, nom qui est resté à leur monastère et à la rue où il est situé. L'ordre des Serfs de la Vierge fut supprimé, en 1274. Les Guillelmites, établis à Montrouge, dans le voisinage de Paris, voyant que la communauté des Blancs-Manteaux leur convenait obtinrent du Pape Boniface VIII la permission d'y être transférés, Ils y ont toujours vécu selon la règle de Saint-Benoît et les Constitutions de saint Guillaume, solitaire de Toscane, qui s'établit en 1155, dans le territoire de Sienne.

Au commencement du XVIIe siècle, les Guillelmites avaient besoin de réforme. Les règlements que l'on avait faits dans les visites étaient demeurés sans exécution ; leur provincial, le R. P. Etienne Léomel vint de Flandre à Paris pour tâcher d'y mettre ordre. Plusieurs religieux rendirent ses ordonnances inutiles par leur résistance et l'obligèrent de s'en retourner sans rien faire. Il envoya cependant quelques religieux aux Blancs-Manteaux espérant qu'ils rétabliraient la régularité, mais ils ne se comportèrent pas mieux que les autres. Six religieux de la même maison, ennuyés de vivre au milieu d'un pareil désordre, n'y trouvèrent pas d'autre remède que de s'unir à quelque Congrégation réformée. Ils passèrent donc un concordat avec les Feuillants et, moyennant une pension assez considérable, ils leur cédèrent leur monastère. A la suite de ce traité, ces derniers obtinrent un bref du roi portant donation de la communauté des Blancs-Manteaux à leur Congrégation. Lorsqu'ils le présentèrent au chancelier Brulart pour le signer et y mettre le sceau, ce magistrat, dont le père et la mère étaient inhumés dans ce couvent, leur reprocha d'avoir surpris la bonne foi de Sa Majesté et déchira le brevet. Les Feuillants étonnés prirent le parti du silence et se retirèrent sans espoir de réussir.

Il y avait alors aux Blancs-Manteaux un jeune religieux nommé Simon Guespereau, qui était fort affligé des excès dont sa communauté était le théâtre. Quelle joie il éprouvait en se rappelant les bons exemples de régularité qu'il avait vus à Saint-Vanne lorsqu'il étudiait chez les Jésuites de Verdun. Il eût été très heureux à cette époque, si Dom Didier de la Cour, qu'il visitait quelquefois, avait voulu l'admettre au nombre de ses novices, mais le saint homme refusa, lui disant, par un esprit prophétique, que Dieu voulait se servir de lui pour le bien de son monastère. Dom Guespereau ayant été rappelé aux Blancs-Manteaux par son Supérieur et n'y voyant aucun changement, il lui demanda la faveur d'aller achever ses études au collège de Cluny.

Pendant qu'il y séjourna, ses confrères qui l'allaient voir le félicitaient sur la profonde paix dont il jouissait et se plaignaient des troubles au milieu desquels ils vivaient. Dom Guespereau en prit occasion de leur persuader qu'ils auraient le même bonheur s'ils introduisaient dans leur maison les Pères de la Congrégation française. Ses paroles furent si efficaces qu'ils se déterminèrent à les suivre absolument. Dom Guespereau, réjoui de les voir dans ces saintes dispositions, en parla aussitôt à Dom Laurent Bénard qui lui conseilla d'aller voir M. le Procureur général Molé et M. Hannequin de Villenoce, abbé de Bernay, et conseiller au parlement, chez lesquels il avait ses entrées, parce qu'ils demeuraient proche des Blancs-Manteaux, et de leur faire part de ce qui se passait. Ces hommes, dont la probité et l'équité étaient admirées, écoutèrent Dom Guespereau avec bonté et lui promirent d'agir en cette affaire, comme si c'était leur propre cause.

Mais, comme le démon suscite toujours une infinité d'obstacles lorsqu'il s'agit d'établir le bien, il fit aussi tout ce qu'il put pour renverser cette pieuse entreprise.

Dom Jean Goyet, Prieur des Blancs-Manteaux, ayant découvert les menées de ses religieux, se rend aussitôt au collège de Cluny pour en retirer Dom Guespereau, qu'il soupçonne d'avoir organisé ce complot. Il lui parle d'abord doucement, puis use de menaces pour l'obliger de regagner sa communauté. Mais Dom Guespereau tient toujours ferme et proteste de n'y point retourner avant que le bon ordre n'y soit rétabli. Enfin, sur la parole de son Supérieur qui lui promettait de le satisfaire, il lui fit espérer qu'il rentrerait, ce qu'il fit effectivement, après avoir écouté les sages avis et conseils de Dom Laurent Bénard, de MM. de Molé et Villenoce. Dom Goyet l'accueillit avec bienveillance, lui donna le soin de l'église et le nomma maître des novices. Comme cette charge l'obligeait de leur donner le bon exemple, il mena une vie très solitaire et se rendait le premier aux offices divins et autres exercices réguliers. Son Supérieur, ayant remarqué qu'il ne parlait à personne, crut que la tristesse et le chagrin avaient beaucoup de part dans cette conduite. Il lui dit un jour : « Hé bien ! que voulez-vous que nous fassions ? Est-il question de se réformer ? « Çà, ne mangeons plus de viande, ne portons plus de linge, etc. » — « Ce n'est pas en cela, répondit Dom Guespereau, que consiste une véritable réforme. — En quoi donc, répliqua le Prieur ? — Elle consiste, dit Dom Guespereau, à nous mettre entre les mains de personnes de piété dont nous puissions recevoir les instructions salutaires, imiter les vertus et suivre les bons exemples. » — Le Prieur, touché de ces paroles consentit à introduire une Congrégation réformée dans son monastère. Il ne s'agissait plus que du choix. Dom Guespereau, voulant dissimuler sa pensée, proposa les Feuillants, sur lesquels on avait autrefois jeté les yeux, mais le Prieur ne fut pas de ce sentiment parce qu'ils menaient une vie trop austère et marchaient pieds nus. « On ne peut donc mieux faire, répliqua Dom Guespereau, que de choisir les Pères de la réforme de Verdun, qui sont chaussés, à la vérité, mais dont la vie est très réglée. » Il s'étendit ensuite sur leurs louanges, d'une manière si vive que le Prieur résolut d'employer tous les moyens possibles pour les introduire chez lui. Le jour suivant, il alla avec lui au collège de Cluny pour conférer avec Dom Laurent Bénard, qui agréa ses propositions. Pour agir avec plus de maturité, celui-ci leur conseilla de voir MM. de Gamaches et Duval, professeurs de Sorbonne qui approuvèrent fort leur dessein et les exhortèrent à l'exécuter au plus tôt. Le Prieur, étant de retour aux Blancs-Manteaux, assembla ses religieux pour leur communiquer sa résolution. Elle fut agréée de tous, excepté des Flamands et des Liégeois qui se retirèrent d'eux-mêmes dans leur pays. Ceci se passait vers la fin du mois d'août. Le 3 septembre, le Prieur fit chanter une messe solennelle du Saint-Esprit pour demander ses lumières, et, à la sortie de l'église, il tint un second Chapitre pour y traiter de la réformation. Tous y consentirent et, par un acte capitulaire, ils le constituèrent leur Procureur avec Dom Maurice de Vaubecourt, pour agir au nom de la communauté et signer tous les actes nécessaires. Ces deux procureurs, munis de tels pouvoirs, se transportèrent, le même jour, au collège de Cluny et s'adressant à Dom Martin Tesnière, Prieur de Saint-Faron de Meaux, ils le supplièrent d'accepter leur maison pour être unie et agrégée à la Congrégation française. Dom Tesnière la reçut, sous le bon plaisir du Pape, de Sa Majesté, et de sa Congrégation, et en même temps il alla aux Blancs-Manteaux où le tout fut ratifié en sa présence.

Le jour suivant, le 4 septembre, le cardinal de Retz, évêque de Paris, qui savait ce qui s'était passé aux Blancs-Manteaux, assembla son Conseil pour savoir si cette nouvelle introduction était licite. La réponse ayant été favorable, M. le chancelier Brulart et M. de Verdun, premier président du parlement, y donnèrent leur approbation. Enfin, le 5 du même mois, le Cardinal vint en personne aux Blancs-Manteaux pour examiner tous les religieux, recevoir leurs suffrages sur l'affaire en question, puis il mit en possession de la maison, selon les formes ordinaires, Dom Laurent Bénard et Dom Martin Tesnière, accompagnés de quelques religieux de différents monastères de la Congrégation française, en attendant que les supérieurs en eussent fait venir d'autres pour y résider. Dom Goyet conserva le nom de Prieur jusque à ce que le Pape et Sa Majesté eussent ratifié l'union, et Dom Tesnière gouverna la communauté pour y maintenir l'observance régulière. Au mois d'octobre suivant, on s'adressa à Rome et Sa Majesté accorda les lettres patentes, le 29 novembre de la même année. Enfin M. le président de Bercy, comme l'un des principaux fondateurs des Blancs-Manteaux, y donna son consentement, le 25 février 1619.

Il y avait tout lieu d'espérer que la réforme ayant été introduite aux Blancs-Manteaux, ainsi qu'on vient de l'exposer, les réformés y resteraient tranquilles, mais le R. P. Etienne Léomel, provincial des Guillelmites qui résidait en Flandre, ayant été informé de ce qui s'était passé, vint en toute diligence à Paris pour se plaindre. Il persuada à cinq ou six religieux des Blancs-Manteaux de révoquer le consentement qu'ils avaient donné à l'introduction de la réforme dans leur maison, et voyant que le Recteur de l'Université de Paris s'était porté partie en sa faveur, il appela comme d'abus au parlement. Il fut débouté de ses demandes.

Trois mois après, la ville de Paris fut affligée de la peste, ce qui obligea les Bénédictins des Blancs-Manteaux, trois exceptés, de se retirer au prieuré de Nadon, dépendant de l'abbaye de Saint-Faron de Meaux. Les Guillelmites, s'en étant aperçus vinrent, le 22 août, sur les neuf heures du matin, pour entrer dans l'église et dans la maison sans que personne en eut connaissance, excepté une domestique de deux dames qui vint frapper à la porte pour quelque nécessité. Peu après qu'elle en eut averti ses maîtresses, le bruit s'en répandit dans Paris et Dom Laurent Bénard alla sur-le-champ trouver M. Molé, procureur général, qui envoya garnison aux Blancs-Manteaux pour s'opposer à tout ce que les Guillelmites pourraient entreprendre de nouveau. Le jour suivant, le parlement les relégua en Champagne, dans le prieuré du Pré, le seul qu'ils eussent en France. Quelques-uns obéirent à l'arrêt, d'autres se retirèrent à la campagne, dans les fermes de la maison, dont ils se saisirent des revenus. Toutes ces mauvaises affaires, jointes aux dettes excessives que les Guillelmites avaient contractées par leur peu d'économie, réduisirent les réformés à une telle pauvreté qu'ils ne purent subsister que par les aumônes de quelques personnes charitables. Moyennant une pension annuelle, les Guillelmites consentirent enfin à céder le monastère des Blancs-Manteaux à la réforme de Saint-Maur.

Les supérieurs des monastères réformés de France ayant des lettres patentes du roi Louis XIII, datées du mois d'août 1618, pour ériger dans le royaume une Congrégation nouvelle, tinrent leur premier Chapitre général, aux Blancs-Manteaux, le 2 novembre de la même année. Dom Claude François, Prieur de l'abbaye de Saint-Mihiel, en Lorraine, fut délégué par les Supérieurs de la Congrégation de Saint-Vanne, pour y assister et présider à l'installation de la nouvelle Société. On le choisit comme Président et les RR. PP. Laurent Bénard, Adrien Langlois, Anselme Rolle, Colomban Régnier, Maur Tassin et Martin Tesnière furent élus comme définiteurs. On délibéra d'abord pour savoir quel nom on donnerait à la nouvelle Congrégation. Chacun proposa son avis, mais celui de Dom Colomban Régnier prévalut. On décida de mettre cette Société naissante sous la protection de saint Maur, le disciple de saint Benoît, qui avait apporté la règle en France et restauré la discipline monastique dans ce pays. L'assemblée désigna comme Président de la Congrégation Dom Martin Tesnière, il eut pour Assistants Dom Laurent Bénard et Dom Anselme Rolle. Un deuxième Chapitre se réunit aux Blancs-Manteaux, le 7 février 1620, confirma les anciens dignitaires et y adjoignit, Maur Tassin, comme visiteur. Dom Laurent Bénard avait été chargé de solliciter en cour de Rome les bulles qui devaient attester l'existence de la Congrégation de Saint-Maur. Hélas ! il ne lui fut pas donné d'accomplir sa mission. Attaqué d'une fièvre maligne, il se vit bientôt réduit à la dernière extrémité. Le R. P. Athanase de Mongin se tenait constamment à son chevet ainsi que Dom Martin Tesnière et d'autres amis. Dom Laurent Bénard, craignant d'avoir la peste, ne voulut jamais être visité par ses écoliers qui désiraient lui donner une dernière marque de leur piété filiale et recevoir sa bénédiction. Il mourut, le 21 avril 1620, à l'âge de 47 ans, après avoir pris l'habit et fait profession, sur son lit de souffrance, dans la Congrégation de Saint-Maur, car il avait jusque-là gardé son habit d'ancien Cluniste et sa qualité de Prieur du collège de Paris. Il fut enterré secrètement, le soir du même jour, devant la porte du bas de l'église. On célébra ses obsèques le lendemain, diverses personnes de qualité y assistèrent. Le regret était si grand qu'on ne put chanter, tout le monde pleurait. Dom Hugues Ménard, qui professait la rhétorique au collège, dressa son épitaphe en latin, en grec et en hébreu ; elle fut gravée sur une table de marbre vis-à-vis de la porte donnant entrée du cloître dans l'église. Nous venons de voir ce que le collège de Cluny et les Mauristes devaient à cet homme vénérable et dévoué ; une sainte énergie peut enfanter des miracles (1).

(1) Archives nationales, L 815, Bibl. nat., Ms. fr. 17669, 17670, 17671.

CHAPITRE VII

ANCIENNE ET ÉTROITE OBSERVANCE

Pendant qu'une merveilleuse transformation s'opérait dans le collège de Paris, dans l'ordre de Cluny, un besoin de réforme se faisait sentir, les Supérieurs comme les simples religieux se déclaraient en faveur d'un régime plus fervent et plus monastique. Claude de Guise fit publier et approuver, en 1601, plusieurs statuts concernant l'office divin. Les prieurés conventuels et tous ceux qui réunissaient au moins huit religieux devaient chanter les matines, toutes les heures, ainsi que la messe et les vêpres. Vingt ans plus tard, la réforme se dessina, grâce à la protection du cardinal Claude de Guise. Ce prélat, de concert avec Veni d'Arbouze, qui était grand Prieur, fit le 19 mai 1621 des Constitutions pour introduire l'étroite observance de la règle bénédictine. Le 13 juillet 1622, la communauté de Cluny s'y montra favorable, mais un incident déconcerta des esprits bien disposés. Le Pape Grégoire IX avait, en 1622, commis le cardinal de la Rochefoucault pour réformer les corporations religieuses. En juin 1623, il essaya d'unir les Clunistes avec la Congrégation de Saint-Maur et de former avec ces deux Sociétés un seul corps. Les règlements qu'il avait élaborés à ce sujet et communiqués à Dom d'Arbouze et à plusieurs supérieurs ne furent pas goûtés. En 1624, l'abbaye de Cluny se déclara pour l'étroite observance, qui paraît avoir fait des progrès assez lents (1). En effet, Dom d'Arbouze réunit, le 17 août 1629, le premier Chapitre de la réforme, qui comptait en tout onze religieux. Ceux-ci renouvelèrent leur profession en cette circonstance et prirent connaissance des Constitutions, qui devaient régler leur vie. Tous les biens étaient communs, personne ne pouvait accepter des titres ou des dignités sans la permission des Supérieurs. On se levait à minuit à Cluny, et à deux heures, partout ailleurs. Après l'office, il était loisible à chacun de se reposer jusqu'à cinq heures et demie. Il était permis de converser ensemble pendant une heure, après le repas, le dimanche, mardi, jeudi et samedi ; en carême, les récréations n'avaient lieu que le dimanche et le jeudi. On n'usait point d'aliments gras et le Chapitre se tenait le lundi et vendredi. Les novices ne pouvaient faire profession que suivant la loi de la réforme (2). Lorsque le cardinal de Richelieu devint Abbé général de Cluny, il voulut agir avec l'énergie qu'il manifestait en tout, il ne savait pas s'accommoder avec les demi-mesures et une sage lenteur. Il appela les religieux de Saint-Vanne, 1630 et 1631, et leur demanda de le seconder dans l'œuvre de la régénération qu'il avait entreprise. Vantée par des hommes animés du plus beau zèle, l'étroite observance trouva un chaleureux accueil dans une douzaine de monastères, mais tout se borna là. Les communautés qui n'acceptèrent pas les mortifications de Saint-Vanne gardèrent la règle ou l'ancienne observance de Cluny (3). Le puissant ministre ne

(1) Arch. nat., G⁹ 20.
(2) — LL 1350.
(3) — G⁹ 20, LL 1350. *Raunié.*

s'arrêta pas en si bonne voie, et, persuadé que l'union fait la force, il prescrivit aux moines de Cluny et de Saint-Maur de se *congréger* en un seul corps et de prendre à l'avenir le nom de religieux de Saint-Benoît, en France (29 décembre 1634). Cette fusion fut enregistrée au grand Conseil, le 9 février 1636 (1). Après la mort du cardinal de Richelieu, un arrêt du Conseil, en date du 29 octobre 1644, annula cette union et l'ordre de Cluny resta divisé en deux groupes dont l'un, dit « l'*ancienne observance* », comprenait les monastères qui avaient gardé leur règle, et l'autre, dit « l'*étroite observance* », ceux qui avaient adopté la réforme de Saint-Vanne (2).

En 1654, le cardinal Mazarin, ayant succédé au prince de Conti, voulut réunir de nouveau l'*étroite observance* avec la Congrégation de Saint-Maur, mais la première s'y opposa. Le 7 avril 1659, sans en parler aux religieux de la réforme, il s'entendit avec les Supérieurs et passa un traité qui réunit les deux Sociétés en une seule, sous le nom de Congrégation de Cluny ou de Saint-Vanne. Un arrêt du Conseil d'Etat rendu, le 16 décembre 1662, annula ce concordat (3).

Ce décret décida que l'étroite observance tiendrait un Chapitre général pour fixer ses propres constitutions et sa discipline. Celle-ci récupéra l'autonomie qu'elle avait eue avant cette union et des supérieurs choisis annuellement la gouvernaient. Depuis 1621, elle vivait séparée de l'ancienne observance qui n'assistait pas à ses assemblées capitulaires. Comme tout l'Ordre n'avait point eu de Chapitre général, de-

(1) Arch. nat., G⁹ 26.
(2) Ibid., id., *Raunié*.
(3) Ibid., G⁹ 26.

puis 1600, le roi ordonna, le 30 mars 1676, que les religieux de l'ancienne et étroite observance tiendraient une réunion plénière. Cette assemblée s'ouvrit, le 16 août de la même année ; les anciens élurent huit définiteurs et les réformés sept. Un autre Chapitre se réunit, en 1678. Les questions générales furent débattues en commun, mais tout ce qui concernait le gouvernement respectif se traitait séparément. C'est ainsi que chaque observance choisissait ses supérieurs, ses officiers dans un congrès spécial ; il y avait ainsi le définitoire commun et le définitoire particulier (1). Depuis cette époque, les Chapitres se tenaient régulièrement tous les ans, mais, en 1693, on trouva que des réunions aussi fréquentes étaient superflues et on régla qu'elles auraient lieu tous les trois ans. Cette mesure fut loin d'avoir l'agrément de la réforme, qui tint des assemblées annuelles, connues sous le nom de diètes, où elle choisissait ses supérieurs. Cette singularité froissa les anciens qui s'y opposèrent et demandèrent que les prétendus observantins ne fissent plus avec eux qu'un seul et même corps. Ils furent déboutés de leurs requêtes, le 30 mars 1705 et, le 4 avril 1708, par une décision du grand Conseil et du Conseil d'Etat, qui jugea que tout se passerait suivant les coutumes antérieures. Les réformés n'étaient pas au terme de leurs épreuves, ils allaient à nouveau connaître l'amertume des persécutions. Le 26 septembre 1709, le cardinal de Bouillon leur défendit de recevoir des novices, sans sa permission spéciale, et cela sous peine de suspense *a divinis*. Sous Oswald de la Tour d'Auvergne, ils ne furent pas mieux traités : les anciens réclamèrent la suppression de leur so-

(1) Arch. nat., G⁹ 26, L 873.

ciété et de leur noviciat. Un arrêt du 25 novembre, 1724, maintint l'étroite observance dans ses droits et privilèges (1). Le cardinal d'Auvergne, Abbé général de Cluny, convoitait depuis *longtemps la juridiction sur tout l'ordre, il l'obtint, non* sans entendre de vives protestations, le 22 septembre 1728. Le Supérieur général de l'étroite observance prit le titre de Vicaire général. Lui seul, avec le Chapitre, pouvait approuver les écrits composés par les réformés. Ceux-ci devaient présenter au Chapitre général, après les avoir désignés, dans leur définitoire particulier, les élèves qu'ils devaient envoyer étudier au collège de Cluny. Cette coutume fut observée jusqu'à la Révolution de 1790 (2).

(1) Arch. nat., LL 1350; p. 450.
(2) — — p. 459.

CHAPITRE VIII

VICISSITUDES DU COLLÈGE DE CLUNY

Les événements nous ramènent au collège de Cluny où l'ombre vénérée de Dom Laurent Bénard plane encore avec le souvenir glorieux de ses vertus. Jacques Legrand lui avait succédé et avait été désigné pour administrer le temporel et non pour gouverner les religieux, car il n'avait pas embrassé la réforme. Suivant la volonté du cardinal de Guise, le grand Prieur de l'ordre, accompagné du Prieur claustral de Cluny, de Henri Gérard, Prieur de Saint-Étienne de Nevers, Procureur général de l'ordre, Jean de la Mothe, chapelain et sacristain, se rendit, le 9 juillet 1620, à Paris, pour constater les bonnes dispositions des écoliers et satisfaire au devoir de la visite. Entouré des professeurs, des boursiers et des pensionnaires, Dom Legrand le reçut à la grande porte de l'église, avec tous les honneurs qu'il méritait. Le grand Prieur demanda aux étudiants d'honorer leurs maîtres, les religieux de Saint-Maur, il conseilla à ces derniers de ne rien entreprendre pour donner le collège à leur congrégation (1). Tout d'abord, le nouveau Prieur, Jacques Legrand, avait voulu exercer sur les Mauristes une autorité qu'il n'avait pas, et ceux-ci, très affligés, songeaient déjà

(1) Bibl. nat., Ms. fr. 17670, p. 140.

à céder la place à d'autres. Le jeune Supérieur du collège ne tarda pas à comprendre sa faute et à changer de conduite. Imitant son saint prédécesseur, il leur témoigna, en toute circonstance, une grande bonté dont ces religieux profitèrent pour instruire leurs disciples dans les sciences et la vertu, avec l'approbation de l'Université et de tout le royaume, comme en témoignèrent, par leurs lettres, MM. de Molé et de Villenoce. En 1623, arriva à Paris, Dom Lempérière, Normand d'origine, il avait fait profession à Saint-Evroul, diocèse de Lisieux.

Etant entré plus tard dans l'ordre des Clunistes, il se rendit au collège qu'ils avaient, dans la capitale, pour terminer ses études. Les religieux de Saint-Maur y professaient, comme nous venons de le voir. Cet étranger gagna la confiance du R. P. de Mongin. Grâce au crédit de ce vertueux moine, il fut nommé Prieur du collège en 1624, lorsque Jacques Legrand se retira. C'est alors que son insigne fausseté se manifesta avec tous les caractères de l'ingratitude. Quand Dom Athanase de Mongin fut nommé à Corbie, il eut pour successeur, Dom Charles de Maleville, homme simple et bon. Lempérière employa, sans retard, son odieuse malice à le molester. Au bout de deux mois, ce religieux débonnaire, n'y pouvant plus tenir, demanda à être relevé de ses fonctions. Pour tout concilier, on renvoya Dom Athanase de Mongin, comme supérieur des professeurs. Dom Lempérière n'était pas encore satisfait, il déclara qu'il ne pouvait y avoir deux supérieurs dans une même maison. Le R. P. de Mongin ne prit pas d'abord la chose au sérieux, mais voyant enfin qu'une guerre sourde pouvait éclater, au grand scandale de la population scolaire, il renonça à ses fonctions et se retira sans bruit. Hugues Ménard le remplaça. Dom Lempérière voulait avoir toute direction, il obligea les Mauristes à se retirer, 1633. Ce fut pour son plus grand malheur, car il perdit la confiance des élèves. Quand la congrégation de Saint-Maur fut unie à celle de Cluny et de Saint-Vanne, dom Lempérière se crut perdu. Voulant à tout prix conserver le gouvernement du collège et n'espérant pas pouvoir y réussir, il recourut à Rome, alléguant que c'était un simple bénéfice et l'obtint (1). Se croyant seul maître dans cette maison, autorisé à la régir suivant son caprice et sans contrôle, il ne tarda pas à contracter des emprunts onéreux, qui, de 1634 à 1640, s'élevèrent à environ 15.000 livres, et tout cela, sous des prétextes plus ou moins futiles (2).

L'opinion publique s'émut, non sans raison, de cette conduite et on estima qu'il était nécessaire d'en informer les Supérieurs. Dom Placide Sarcus avait été nommé grand Vicaire, le 5 septembre 1639 ; le 10 mars de l'année suivante, il se rendit au collège de Cluny pour faire la visite ; mais Dom Lempérière refusa de le recevoir. Les Mauristes, qui avaient eu à se plaindre, en tout temps, des mauvais procédés de celui-ci ne pensèrent pas qu'ils devaient avoir de grands ménagements à son endroit, ils firent appel aux mesures qu'une saine justice leur dictait. Le Général de la Congrégation, Dom Tarisse, se présenta lui-même au collège, le 3 avril 1640, en qualité de visiteur. Ayant fait subir un long interrogatoire au Prieur de l'institut, il le somma de lui rendre compte de son administration temporelle. Dom Lempérière essaya de temporiser, en insinuant qu'il ne pouvait le faire que devant les abbés du Chapitre, puis il

(1) Bibl. nat., Ms. fr. 13860, p. 409.

(2) Arch. nat., S, 1445.

ajouta qu'un décret spécial l'avait dispensé de cette formalité pénible. Dom Tarisse ne se laisse pas convaincre et rédige une ordonnance lui dictant de rendre compte de sa gestion, dans le plus bref délai, 2 mai 1640. Dom Lempérière crie partout que c'est un acte arbitraire, dont il fera prompte justice. Cette fois, le Prieur est abandonné par son heureuse fortune, un arrêt du 14 mai l'oblige à rendre ses comptes. Bien plus, il perd son titre de prieur du collège où Albert Marchand le remplace. Le 5 septembre 1641, il reçoit l'ordre de se retirer à l'abbaye de Saint-Denis, sous peine d'excommunication, et le procureur général, Dom Bataille, est commis pour l'appréhender au corps. Au mois de juin 1642, le Chapitre général, qui se tint à la Trinité de Vendôme, nomma dom Firmin Rainssant, comme Prieur du collège.

Sur ces entrefaites, la mort du cardinal de Richelieu ranima le courage de Dom Lempérière qui se pourvut devant le Conseil privé du Roi et fut assez heureux pour recouvrer son ancienne dignité, mais il apprit avec douleur qu'il lui était interdit d'exercer sa juridiction sur les religieux réformés.

Les Mauristes ne se tinrent pas pour battus. S'adressant au Conseil du Roi, Dom Hugues Bataille fit rendre un arrêt, le 4 septembre 1642, qui confiait au sieur Chomel, maître des requêtes, la mission de procéder à une consciencieuse enquête sur la conduite de Dom Lempérière et des religieux de Saint-Maur pendant leur séjour au collège. Ces informations furent faites, le 9 septembre 1642, et les Mauristes furent rétablis au collège de Cluny, par l'autorité du sieur Chomel et du grand prévot, malgré la résistance de Dom Lempérière et des étudiants de l'ancienne observance qui avaient muré une porte et barricadé les autres, pour les empêcher d'être introduits (1).

Qu'on nous permette ici de montrer quel intérêt deux abbés commendataires, le cardinal de Richelieu et le prince de Conty, ont témoigné à l'instruction des jeunes religieux de Cluny. En 1633, le premier ordonne aux prieurs et doyens qui doivent envoyer des boursiers aux collèges de Paris, d'Avignon et de Dôle de satisfaire à cette obligation, dans le plus bref délai. Aucun religieux ne saurait être admis dans ces maisons s'il n'est profès et doué d'une formation suffisante pour suivre les cours de philosophie. Si personne n'a ces qualités et ces aptitudes, le grand Ministre permet aux Supérieurs de choisir des jeunes gens de bonnes mœurs et de les destiner aux études universitaires, avec sa permission préalable, s'ils sont disposés à embrasser l'étroite observance. Nous le voyons, Richelieu témoignait un véritable culte pour la réforme (2).

Les ordres formulés, le 8 novembre 1646, par le prince de Conty, ont aussi pour objet la bonne éducation des moines Clunistes. Cet abbé Général rappelle aux supérieurs de divers monastères de fournir au collège de Paris les boursiers qu'une longue tradition leur impose. S'ils n'ont pas de religieux capables de pénétrer les mystères des sciences ecclésiastiques, il leur conseille de choisir de dignes séculiers qui étudieront en leur lieu et place. Ces jeunes gens prendront l'habit régulier et feront profession après avoir fait leur noviciat au collège. Les étudiants mèneront une vie régulière, seront fidèles à leurs vœux et à la règle, porteront toujours leurs cou-

(1) Arch. nat., LL 1350, pp. 316, 319. Ibid., S 1445.
(2) Bibl. nat., Ms. fr. 15721, p. 8.

ronnes et leur habit monastique, sans aucun ornement. Ils ne pourront sortir en ville que deux ensemble, avec la licence et la bénédiction du Supérieur, et vêtus du grand froc. Lorsqu'ils iront aux champs, ils porteront le scapulaire et le chaperon. Les étudiants demeureront au collège de Cluny aussi longtemps qu'il plaira aux Supérieurs ; ils ne prendront point de grades sans leur permission. Comme les denrées ont augmenté, dit ce règlement, la pension des étudiants sera fixée désormais à la somme de 400 livres (1).

Après avoir laissé pendant quelques années le Supérieur du collège de Cluny, seul, aux prises avec son orgueil, nous revenons vers lui, et nous le trouvons dépourvu de toute considération, intriguant pour se créer une situation digne de sa personnalité. C'est dans ce but qu'il entre en pourparlers avec Dom Pierre Lucas, grand Prieur de l'ordre, en 1649.

Ce dernier consent à lui céder sa dignité en échange du titre prioral au collège de Cluny. Dans le mois de janvier, comme le prince de Conty n'avait pas encore reçu ses bulles ; on chargea Dom Lucas de gouverner toute la corporation des Clunistes. Avait-il renoncé en ce moment à la direction du collège de Paris ? On ne sait trop. Cependant certains mémoires le laissent supposer en affirmant que le prince de Conty en donna l'administration provisoire à Dom du Laurens, le 12 septembre 1649. D'autres nous disent que Dom Victor Rimon revendiqua ce prieuré dont il avait été pourvu, en cour de Rome, sur la résignation qu'en avait faite Dom Lucas,

(1) Arch. nat., LL 1334, p. 230. *Raunié* affirme que les troubles du royaume empêchèrent le recrutement des boursiers et, en 1656, l'enseignement de la philosophie et de la théologie dut être supprimé.

25 juin 1649. Ce fut l'origine d'une contestation et d'un procès en cour royale. Un arrêt du 16 février 1652, attribua enfin le prieuré du collège de Cluny à Dom du Laurens. Victor Rimon approuva cette décision et Dom Pierre Lucas, qui avait quitté cette vie pour un monde meilleur, n'était plus là pour protester.

Si nous remontons à l'année 1649, nous trouvons le récit d'un incident significatif. Les religieux de l'étroite observance étaient établis depuis plusieurs années au collège de Cluny et la visite annuelle avait coutume d'y être faite par quelques Supérieurs de la réforme. A cette époque, les choses se passèrent autrement et Dom Martin, Prieur d'Abbeville, grand Vicaire du prince de Conty, et ancien religieux, se présenta pour y procéder, le 31 juillet. Dom Théophile Guillet s'y opposa, en sa qualité de procureur du collège et comme délégué de Dom Pierre Lucas. Lorsque Dom du Laurens fut mis en possession des revenus du collège, à la charge de rétablir la vie régulière, le même formula une protestation énergique, mais ceci porta malheur aux réformés. A la sollicitation de Dom du Laurens, le prince de Conty somma les religieux de l'étroite observance, le 8 octobre 1649, de quitter le collège de Paris. Dom Lempérière était devenu grand Prieur de Cluny. En 1651, il sentit le besoin de faire connaître ses pouvoirs et son autorité à tous ceux qu'il considérait comme ses subordonnés, il voulut exercer sa juridiction sur les religieux de l'étroite observance, mais ceux-ci protestèrent et lui contestèrent ce droit. Sur ces entrefaites, le prince de Conty donna sa démission d'abbé commendataire de Cluny. On se réunit pour lui nommer un successeur et plus de la moitié des capitulants désignèrent le prince Henri de Bourbon, duc d'Enghien, le 30 mars 1657. Dom Lempérière se trouvait à cette assemblée, et, comme à l'ordinaire, il multiplia ses intrigues. Le sire d'Enghien n'eut pas, ce jour-là, le don de lui plaire et il usa de tout son crédit pour combattre sa candidature ; il menaça même de ses rigueurs les religieux anciens et réformés s'ils ne déposaient pas dans l'une un bulletin en faveur du personnage qu'il protégeait. Le bruit de cette fougueuse campagne électorale parvint aux oreilles du Roi qui s'en montra fort mécontent. Il le manifesta en défendant au grand Prieur d'exercer aucune juridiction dans l'ordre de Cluny : les anciens eurent pour Supérieur, Dom de Goué, et les réformés, Dom de Sainte-Marthe. Un Chapitre général devait se tenir à Saint-Martin-des-Champs, le 20 juin 1651 ; Dom Lempérière fut privé de l'honneur de le convoquer et de le présider, cette faveur échut au R. P. Philippe Dei, premier visiteur de la réforme, qui le convoqua, le 8 juillet 1651.

Mais voilà qu'un nouvel incident surgit : le prince de Conty retire sa démission et combat avec âpreté l'élection qui a eu lieu et qu'il considère comme vicieuse. Un arrêt du Conseil, en date du 21 juillet, lui donne raison et la déclare nulle. Le fameux Chapitre général qui devait tenir ses assises au prieuré de Saint-Martin n'avait pas eu lieu, le prince de Conty se réservait de le réunir. Qu'advint-il de cette assemblée capitulaire ? Nous ne le savons pas, car aucun mémoire ne le mentionne dans la suite. Il faut avouer que Dom Lempérière dut subir de nombreuses et graves humiliations, mais tout le monde reconnaîtra qu'il les avait bien méritées. En dépit de ces malheureux déboires, on le trouve encore en charge en 1664, époque où il résigna ses fonctions, Dom Valogne le remplaça (1).

(1) Arch. nat., LL 1350, pp. 300-400 ; LL 1334, p. 200.

Si les réformés avaient quitté le collège de Cluny, nous savons que Dom du Laurens n'avait pas été étranger à cette expulsion. Ce dernier personnage éprouva-t-il un certain remords d'avoir traité aussi cruellement des religieux honorés de l'estime universelle? Il serait peut-être téméraire de nous prononcer sur ce point, mais nous pouvons constater qu'il entretint des relations avec eux, au mois de mai 1667. Voulant sans doute réparer ses injustices à leur endroit, il passe un accord qui leur permet de rentrer au collège de Paris. Le grand Conseil sanctionne cette mesure, le 25 mars 1671, et ordonne de l'exécuter, malgré l'opposition des boursiers. Hélas! on n'agit pas assez promptement, et trois mois plus tard, le roi défendit, le 25 juin 1671, aux réformés d'entrer dans les monastères qui n'avaient pas adopté leur régime. Les étudiants se prévalent de ce décret, et, le 28 juillet 1671, s'adressant au grand Conseil, ils leur font interdire l'entrée du collège de Cluny. Les religieux de l'étroite observance protestent et font remarquer avec raison qu'ils ont été autorisés à entrer au collège, le 11 mai 1671, et de fait, antérieurement à l'édit du 25 juin. Ils sont boursiers comme les anciens et ont comme eux le droit d'étudier (1). Nous ne voyons pas qu'ils aient obtenu gain de cause. Cependant justice devait bientôt leur être rendue.

En 1676 et 1678, le Chapitre général de Cluny reconnut les réformés comme faisant partie de l'ordre; il les admit à ses délibérations et les autorisa à envoyer leurs religieux au collège, où il décida que, sans porter préjudice aux études, l'on établirait un noviciat pour les provinces de France, de Bour-

(1) Arch. nat., LL 1334, p. 503.

gogne et d'Auvergne (1). Ces décisions furent confirmées par des lettres patentes; mais comme aucune mesure n'avait été prise relativement à la réforme du collège, réclamée par les commissaires du Roi, au Chapitre de 1676, il y fut pourvu par un arrêt du Conseil du 14 juillet 1681, qui obligea les étudiants à vivre en commun, sous la direction d'un prieur claustral qui aurait pour mission de veiller au maintien de la discipline et leur reconnut le droit d'élire un procureur, spécialement chargé de l'administration des pensions et revenus de la maison, avec obligation de rendre compte de leur emploi. D'autre part, en 1693, le Chapitre général décida que personne ne pourrait, à un titre quelconque, résider dans le collège, en dehors du prieur, du sous-prieur, du procureur et des étudiants. Pendant de longues années, Dom du Laurens avait gouverné le collège de Cluny : il eut pour successeurs : Dom Dufresne, en 1682, Dom Lempereur, en 1682, Dom Nazard, en 1683 et dom Moreau, en 1684. Ce dernier était très âgé et ne pouvait remplir son emploi, à la satisfaction de tout le monde. Pour lui rendre service et aussi pour se rendre utiles à tout l'ordre bénédictin, les réformés passèrent un accord avec ce vénérable vieillard qui leur cédait tous ses droits, moyennant une rente annuelle de 1200 livres, 1693 (2). Ils ne tardèrent sans doute pas à prendre la direction des études, et plusieurs de leurs jeunes religieux obtinrent des bourses, comme le laisse supposer le rapport de leur diète, tenue le 8 août 1698, à Saint-Martin-des-Champs. Tout le revenu du collège de Cluny, dit ce mémoire, sera reçu et administré par

(1) L'arrêt du Conseil du 14 juillet constate que l'état des bâtiments n'avait pas permis de donner suite à ce projet.

(2) Arch. nat., L 873.

un de nos Pères résidant en cette maison, qui acquittera toutes les charges, rendra compte à la communauté, tous les trois mois, et, tous les ans, au Supérieur général.

Suivant le même rapport, les écoliers qui étudient ou qui étudieront, à l'avenir, au collège de Cluny en seront retirés lorsqu'ils auront achevé leurs cinq années d'études pour permettre à d'autres de parfaire leur éducation. Aucun étudiant ne pourra préparer sa licence ou prendre le bonnet de docteur, sans la permission expresse du Chapitre général. Après que les écoliers qui sont actuellement au collège auront achevé leur *quinquennium*, ajoute la même diète, il sera loisible d'envoyer à leur place : Dom Philibert Barraut, Jean Pagnon, François Bellemajour, FF. Jean de Kessel, Gérard Poncet et Jean Fricaud (1).

L'année précédente, 1697, sur l'ordre du cardinal de Bouillon, Dom Paul Rabusson, Vicaire général de l'étroite observance, et Dom Claude de Vert, Vicaire général de la province de France, visitèrent le collège de Cluny où ils firent des règlements, pour les deux observances, concernant l'office divin, les études et l'habit religieux (2).

Comme l'enseignement ne se donnait pas au collège de Paris, le 1er août 1699, trois religieux de Saint-Martin-des-Champs voulurent suivre les cours des collèges de Sainte-Barbe et de Lisieux. Des protestations s'élevèrent contre cette irrégularité, et, le 29 août, le premier titulaire de Cluny, Dom Louis Moreau, pour en prévenir le retour, demanda à l'Université l'autorisation de rétablir l'enseignement de la philosophie et de la théologie. Le 2 mars 1702,

(1) Bibl. de l'Arsenal, Ms. fr., 2258, p. 32.

(2) Arch. nat., LL 1350, pp. 403-410.

la Faculté de théologie fit droit à sa requête, mais en laissant aux religieux de Saint-Martin-des-Champs, de Saint-Denis de la Chartre et aux Bénédictins anglais la liberté de suivre les cours du collège, sans y résider.

Depuis assez longtemps, les abbés commendataires de l'ordre de Cluny, éminents princes de l'Eglise, revendiquaient toute puissance sur les deux observances. Par une ordonnance du 12 octobre 1703, le cardinal de Bouillon enjoignit à Dom d'Haute-Ville, religieux de l'étroite observance, qui était professeur au collège de Cluny, de quitter cet établissement et de se retirer dans une maison que lui indiquerait le visiteur. Dom Claude Rabusson protesta contre cette mesure, le 19 novembre (1). Malheureusement les réformés avaient à cette époque une fort mauvaise presse. Ils avaient négligé de payer la pension viagère qu'ils devaient à Dom Moreau et ce dernier indigné fit résilier le concordat qu'il avait passé avec eux. Après de longues contestations, ils furent à nouveau expulsés du collège parisien 1704 (2). Si les religieux de l'étroite observance n'avaient plus la direction de cette maison, ils pouvaient encore obtenir d'y envoyer des élèves, comme le montre la diète tenue à Cluny, le 18 novembre 1708. Dom Jean de Kessel, moine réformé, demande qu'on lui permette de prendre la licence et le grade de docteur, tout en lui accordant la faculté de demeurer au collège de Cluny. Les deux premières faveurs lui sont gracieusement accordées, mais on lui observe que seul le cardinal de Bouillon peut lui concéder la troisième. Il sollicite aussi avec Dom L. Taupin qu'on

(1) Arch. nat., LL 1350, p. 403-415.
(2) — L 873.

ménage aux étudiants des fonds nécessaires pour couvrir les frais d'examens ; cette réclamation fut considérée comme équitable et agréée (1). Une diète, tenue en 1710, nous signale quelques abus qui devaient affliger le collège parisien comme les religieux de la stricte observance : on se permettait l'usage du tabac et on osait se procurer des objets de luxe, comme des montres et des coupes en argent (2).

Après la mort de Dom Moreau, qui avait été reconnu Prieur à vie, d'après une convention passée en 1693 (3), deux arrêts du Conseil, des 6 juin 1712 et 4 avril 1713, attribuèrent provisoirement à des régisseurs, l'administration temporelle du collège, qui se trouvait dans une situation critique, déplorable, puisqu'il faillit être vendu, à la requête des créanciers. Quelques années plus tard, les religieux réformés, qui continuaient à payer leur contribution, sans aucun profit pour eux, revendiquèrent de nouveau le droit d'envoyer les boursiers dc ·· ils acquittaient les pensions et de leur donner un Supérieur de leur observance. En attendant le résultat de ces réclamations, le prieuré de Saint-Martin-des-Champs, auquel une sentence du tribunal de l'Université, en date du 19 juin 1723, avait reconnu et confirmé le titre et les droits de maison académique, émit la prétention de servir lui-même de collège et d'organiser des classes de philosophie et de théologie (4). C'était une mesure qui menaçait gravement l'avenir du collège de Cluny, Dom Martin Delavigne, procureur de l'ancienne observance, le comprit

(1) Bibliothèque de l'Arsenal, Ms. fr., 2258, p. 32.
(2) Bibliothèque de l'Arsenal, Ms. fr., 2258, p. 32.
(3) Arch. nat., LL 1350, p. 403.
(4) — L 873.

et s'opposa à ce qu'on donnât suite à ce projet (1).

Sur ces entrefaites, l'archevêque de Vienne, Henri Oswald de la Tour d'Auvergne, Abbé commendataire de Cluny, voulant profiter de ces contestations pour réorganiser le collège et aussi sans doute pour conserver l'administration des revenus dont la gestion était confiée depuis 1720 à un de ses délégués (2) renouvela, le 15 septembre 1723, les règlements des années 1694 et 1697, mais en les modifiant sur certains points au profit de son autorité. Il avait prescrit notamment que les étudiants ne seraient admis qu'avec son obédience ; il s'était attribué la nomination des professeurs de philosophie et de théologie ; en attendant le rétablissement des classes, il s'était réservé le droit de désigner aux boursiers les écoles ou collèges dans lesquels ils devraient étudier, et en même temps il prétendait imposer sa juridiction aux religieux réformés (3). Bien que l'étroite observance n'envoyât pas de religieux au collège, son procureur général protesta contre ces innovations qu'il déclarait contraires au gouvernement de l'ordre et aux statuts, et le 20 décembre 1723, il en appela comme d'abus au grand Conseil. Dans un mémoire, il montre avec véhémence que l'Abbé de Cluny a oublié ses engagements les plus sacrés. Ses agents n'ont pas craint de louer les principaux appartements du collège, même la classe et la salle servant à soutenir les actes, à plusieurs laïques de l'un et l'autre sexe, à des artisans, ce qui incommode fort les religieux (4). Les boursiers ne parlent pas avec moins de vigueur. D'après les sta-

(1) Arch. nat., L 873.
(2) — L 873.
(3) — LL 1350, p. 450.
(4) Biblioth. nat., Ld[16] 143.

tuts, disent-ils, il doit y avoir au collège 27 ou 28 boursiers, un prieur, un sous-prieur, un procureur, deux ou trois professeurs, et les religieux qui viennent à Paris pour leurs affaires sont obligés de s'y retirer. En outre, quatre ou cinq mansionnaires peuvent l'habiter. Il est clair que ce nombre d'habitants demanderait quarante chambres, pour le moins. Cependant qu'a-t-on fait ? On a pris les deux cours destinées de tout temps à loger le prieur, les officiers et les anciens de la maison, et on a réservé pour loger tous les moines et le collège le cloître seul, où il n'y a pas 24 chambres un peu convenables. Ces dispositions ont été prises pour un temps très long puisqu'on a fait murer les communications que ces cours avaient avec les autres lieux réguliers.

On a éloigné le portier de l'entrée principale du collège où les statuts fixent son logement et on lui a substitué une femme, marchande fruitière qui détient les clefs de la porte, mais ne les porte jamais chez le Prieur, comme le demandent des règlements formels. A l'entrée de la cour et à côté du logement du portier, il y avait une fort belle grille de fer, qui témoignait que la clôture commençait là ; on l'a vendue au poids. Enfin, Monsieur l'Abbé a loué des appartements dans les deux cours à toutes sortes de personnes et cela pour neuf ans. Pourquoi avoir introduit dans le collège ces étranges locataires, qui en avaient été toujours exclus, même aux époques les plus troublées ? Aurait-on manqué d'ecclésiastiques vertueux pour occuper ces appartements ? Plusieurs les ont souvent demandés. Il eût été plus agréable pour les étudiants d'avoir de pareils voisins que d'entendre sous leurs fenêtres le fracas que fait un charron et les jurements d'un loueur de carrosses. Est-on bien venu à dire que ces changements ont donné à cette maison un air de régularité qu'elle n'avait pas auparavant ? Les Prieurs arrivés depuis peu pour le Chapitre général ont été douloureusement surpris de cette transformation (1).

Ailleurs, les boursiers critiquent amèrement la prétendue réforme que l'Abbé d'Auvergne a établie au collège.

On a fait de beaux règlements, on a rétabli l'office divin, la vie commune, mais on ne donne aux écoliers aucune facilité pour payer de grosses pensions fort au-dessus de leurs moyens ; on suppose qu'ils étudieront, mais on ne leur donne pas le moyen de le faire, ils n'ont pas de livres, ni de quoi en acheter ; personne n'est préposé pour diriger leur éducation, comme si on croyait qu'il suffit à quelqu'un d'habiter un collège réformé pour qu'il devienne savant (2).

Les étudiants avaient aussi formulé leurs plaintes devant le grand Conseil, le 3 janvier 1724, et avaient chargé Dom Leblanc de soutenir énergiquement leurs revendications. Le 4 mars 1724, l'Abbé de Cluny évoqua les deux plaintes au Conseil privé, conformément aux prescriptions de l'arrêt du 17 juin 1723, qui lui avait attribué l'examen et le règlement de toutes les questions intéressant l'ordre de Cluny. Par un arrêt du 25 novembre 1724, le Conseil ordonna que, suivant les décrets des Chapitres généraux de 1676 et 1678, les deux observances pourraient envoyer leurs boursiers au collège, et donna mission au prochain Chapitre général de régler, en présence des commissaires du Roi, toutes les questions de détail que devait soulever l'application de cette mesure. Une transaction intervint alors entre

(1) Arch. nat., L 873.
(2) — L 869.

l'Abbé et les religieux des deux observances ; il fut convenu que tous les étudiants seraient nommés par le Chapitre ; ceux de l'ancienne observance auraient un prieur institué par l'Abbé et un procureur de leur choix, accepté par celui-ci ; le Supérieur de l'étroite observance serait désigné par les hauts dignitaires des réformés et confirmé par le seigneur Abbé qui ne pouvait différer son agrément plus d'un mois. L'ancienne observance consentait à abandonner aux réformés les deux bourses de Cluny, celle du doyenné de Paray et les treize bourses payées par les monastères de l'étroite observance, ainsi que les menses de Gournay (1) les revenus des fondations faites dans l'église, estimés jadis à 270 livres, le casuel de la sacristie, une partie des bâtiments ; la chapelle devait être commune. Elle gardait les rentes du prieuré de Grandchamp (2), en prenant à sa charge toutes les dettes du collège ; à titre de compensation, l'étroite observance s'engageait à lui payer une redevance annuelle de 1100 livres (3). Il était stipulé en outre que les boursiers devaient prendre l'obédience, l'approbation de l'Abbé, auquel on reconnaissait le droit de choisir les professeurs de philosophie et de théologie, après le rétablissement des études, et, en attendant, celui de désigner aux religieux les collèges où ils devaient étudier.

Au Prieur du collège appartenaient tous les honneurs et prééminences, le privilège d'officier aux principales fêtes. Si quelque bourse vient à vaquer dans l'intervalle des Chapitres généraux, les Supérieurs majeurs désigneront trois sujets pour l'occu-

(1) Chef-lieu de canton, arrondissement Pontoise (Seine-et-Oise).

(2) Comm. de Jaignes, canton de Lizy-sur-Ourcq, arr. Meaux.

(3) Arch. nat., L 868. Elle fut déchargée de cette redevance en 1739. — Arch. nat., L 868.

per, parmi lesquels l'Abbé général choisira, dans les trente jours qui suivront, celui qui paraîtra le plus digne. S'il ne le fait pas, les Supérieurs auront toute liberté de nommer celui qui leur plaira. Les Supérieurs majeurs et les Visiteurs des deux observances pourront se rendre au collège pour exercer leur autorité, surveiller leurs religieux et personne n'aura le droit de les troubler. Cet accord fut agréé, le 25 avril 1725, par le Chapitre général et ratifié par un arrêt du Conseil, le 11 juin suivant. Il fut réglé, le 9 novembre 1726, que toutes les réparations concernant le collège seraient à la charge de l'Abbé de Cluny, mais les tenanciers ou locataires des maisons extérieures devaient veiller à l'entretien de ces immeubles. Les deux observances ne pouvaient résider dans le même monastère ; cependant un arrêt du Conseil d'État, en date du 16 septembre 1727, permit aux religieux de l'ancienne observance de posséder des offices claustraux dans l'abbaye de Cluny, mais ils devaient vivre, comme on le faisait dans ce monastère. L'année suivante, le 28 septembre, les deux observances tinrent leur Chapitre général, au collège de Cluny, en présence du cardinal de Bissy et de l'archevêque de Rouen. Certaines questions pendantes y furent tranchées, mais quelques anciens protestèrent contre la vie en commun. On fut d'avis qu'il convenait de prendre des mesures pour que toutes les communautés Clunistes comptassent au moins dix religieux et un décret du 19 février 1732, fit de cette opinion une loi.

Depuis cette époque, les Chapitres de l'ordre de Cluny se réunirent régulièrement tous les trois ans (1).

(1) Arch. nat., LL 1356 ; G⁹ 26. *Actes du chapitre général de 1725*, 8, chez Claude Giraud Avignon, an 1726, p. 137 L 868.

On remarque que les anciens profitent de cette convention pour exalter leur généreuse bienveillance envers les réformés. Pour les bâtiments, ils leur ont cédé ce qu'il y avait de plus régulier, de plus commode et de plus avantageux ; ils leur ont abandonné la cour dont l'issue donne sur la place Saint-Michel et les immeubles extérieurs situés au fond de cette cour, produisant annuellement de belles rentes. L'étroite observance a obtenu encore de gros revenus en acceptant les fondations et le casuel de l'église du collège qui devaient être considérables, comme dans toutes les maisons religieuses de Paris (1). Il nous reste à exposer brièvement les plaintes et les observations concernant la discipline, à donner quelques notions sur l'architecture et l'emplacement du collège, à énumérer quelques-unes de ses ressources, à insinuer sa disparition ou sa transformation, à consigner la liste d'un grand nombre de ses Prieurs et Supérieurs et à nommer enfin ses principaux boursiers, depuis 1698.

(1) Arch. nat., L 873, *Mémoire des boursiers*, 1739.

CHAPITRE IX

LES DERNIÈRES ANNÉES DU COLLÈGE DE CLUNY

Tout n'était pas parfait au collège de Cluny même après que de sages conventions eurent établi l'harmonie entre les deux observances. En 1732, on recommande aux religieux de l'ordre qui viennent à Paris pour leurs affaires de résider dans cette maison pendant leur séjour. Si cette demeure ne leur agrée pas, ils doivent alors choisir entre Saint-Martin-des-Champs ou Saint-Denis de la Chartre. Cette prescription était raisonnable, un bénédictin ne pouvait se trouver nulle part plus à l'aise qu'au milieu de ses frères (1).

En 1735, les définiteurs font observer que la porte du collège, nommée porte Saint-Michel est trop souvent ouverte, ce qui peut donner naissance à de nombreux et graves abus. Ils demandent qu'elle soit toujours fermée et ne s'ouvre que pour laisser entrer les provisions. La clef restera entre les mains du Supérieur des religieux étudiants de l'étroite observance qui ne la refusera pas aux anciens quand ils en auront besoin (2).

Est-ce cette malheureuse porte qui, en 1771,

(1) Bibl. nat. Ms. lat., nouv. acq. 1501, chap. 1732.

(2) Bibl. nat. Ms. lat., nouv. acq. 1501.

donna lieu à gros scandale ? Une demoiselle, très curieuse, trop curieuse, voulut visiter le collège ! On eut tort de satisfaire son capricieux désir et on le comprit bientôt. La chose fut dénoncée à M. le conseiller d'Etat, Hervault, lieutenant général de la police qui dut faire une enquête. Cette maison fut considérée comme mal tenue, puisqu'on y entrait si facilement (1).

La discipline, l'ardeur pour le travail laissaient sans doute à desirer au collège de Cluny, puisque le Chapitre de 1750 supplia le cardinal de la Rochefoucauld de recommander les anciens règlements ou d'en publier de nouveaux pour maintenir la discipline et encourager les études (2). Il en était ainsi depuis assez longtemps ; on fut en effet obligé, en 1735, d'expulser de l'établissement trois élèves : Doms Bertrand de Saint-Vincent, Alexandre Poyet, Philibert Martine pour leur conduite irrégulière (3).

En 1771, on sentit le besoin de formuler de nouvelles constitutions qui nous renseignent sur les études qu'on faisait dans les monastères Clunistes. Personne ne pouvait refuser de s'assimiler les sciences sacrées, si ce n'est pour cause de maladie. Ceux qui se montraient trop indolents, sous ce rapport, se voyaient, au moins temporairement, écartés du sacerdoce. Les études duraient cinq années, dont deux étaient consacrées à la philosophie et les trois autres à la théologie. Les cours se faisaient, le matin, de 8 heures et demie à 10 heures, et le soir, de 4 heures et demie à 6 heures. Un examen mensuel, la soutenance d'une thèse, au milieu et à la fin de l'année, certifiaient la mesure du travail et des progrès.

(1) Bibl. de l'Arsenal, *Ms. fr. de la Bastille*, n° 10294.

(2) Arch. nat., L 868.

(3) Bibl. nat., Ms. lat., nouv. acq. 1501, chap. 1735.

Les mieux doués étaient envoyés à Paris, pour prendre des grades universitaires, avec l'agrément de l'autorité. Au collège de Cluny, où ils résidaient tous, ils devaient obéir au Supérieur de leur observance et ne pouvaient sortir dans la ville, sans sa permission. Cette faveur n'était jamais accordée, le dimanche et les jours de fête, sans raison grave. Les écoliers devaient, l'après-midi, suivre les cours de deux professeurs auxquels on les avait confiés. Ceux qui violaient la règle, dénotaient une moralité douteuse, manifestaient peu d'aptitude ou de bonne volonté étaient éconduits pour faire place à des sujets plus dignes. Les professeurs devaient se distinguer par leur savoir et leur vertu, afin de former les jeunes intelligences autant par leur exemple que par leurs connaissances. On leur conseillait d'éviter les nouveautés, de respecter les témoignages de l'Ecriture et de la Tradition, et dans le doute, de suivre toujours l'opinion la plus sûre. On voit par là que le *tutiorisme* était de règle générale dans l'ordre de Cluny (1).

Pour encourager les études, on mettait tout en œuvre. En 1742, on décida que les docteurs en théologie et en droit canonique, dans le collège de Cluny, à l'église et partout ailleurs, auraient rang immédiatement après le grand Prieur de l'ordre, le Prieur caustral du lieu, le Supérieur des boursiers de l'étroite observance et le procureur général de l'ordre. Dans les autres maisons et communautés, ils prenaient place après les Vicaires généraux de la province, les Prieurs titulaires ou claustraux, les sous-Prieurs, et précédaient tous les autres officiers ou mansionnaires (2).

(1) Bibl. nat., Ms. lat., nouv. acq. 1501, p. 202.
(2) Bibl. nat., Ms. lat., nouv. acq. 1501, *chapitre 1742*. — Arch. nat. L 808.

Chaque fois qu'il s'agissait de favoriser le collège de Cluny et les études qu'on y faisait, les anciens et les réformés ne tardaient pas à rivaliser de zèle et de bonne volonté. En 1732, on avait décidé d'augmenter les revenus de cet institut en unissant à la communauté des boursiers de l'ancienne observance les menses et offices claustraux du doyenné de Saint-Sulpice de Gassicourt (1), des prieurés de Saint-Remy de Braisnes (2), Saint-Pierre de Brétigny (3), Saint-Pierre et Saint-Paul de Courtenay (4), Notre-Dame de Joigny (5), Notre-Dame de Grandchamp (6), Saint-Christophe de Halatte (7). L'étroite observance s'était d'abord opposée à ce projet, mais quand elle connut les bonnes intentions qu'on avait eues, elles désigna les RR. PP. Louis Philibert Martine, son Supérieur général, et Claude Baudinot, le procureur général, pour déclarer au cardinal de la Rochefoucauld qu'elle souhaitait le bien partout et toujours et s'unissait aux anciens pour approuver la mesure qu'on venait de prendre, 1755. Les religieux de Gassicourt : Dom Fourment, Dom Pécoul, Dom Vougny avaient été transportés au collège de Cluny, en 1737 (8).

Comme nous le savons déjà, l'ordre de Cluny se divisait en deux branches : l'ancienne et la stricte observance. Malheureusement, l'expérience est là pour l'attester, on peut, sous l'empire d'une admi-

(1) Canton et arrondissement de Mantes (Seine-et-Oise).

(2) Arrondissement de Soissons (Aisne) (?)

(3) Canton Noyon (Oise).

(4) Arrondissement Montargis (Loiret).

(5) Joigny (Yonne).

(6) Commune de Jaignes, canton de Lizy sur Ourcq (Seine-et-Oise).

(7) Commune de Fleurines (Oise).

(8) Arch. nat., L 868, Bibl. de l'Arsenal Ms. 2258.

rable, d'une enthousiaste ferveur, promettre beaucoup de choses, mais quand il s'agit de tenir parole, de réaliser, chaque jour, l'existence qu'on avait rêvée, même en dépit de circonstances imprévues, d'infirmités plus ou moins graves, de contradictions encouragées ou du moins tolérées, la bonne volonté faiblit, surtout quand le beau zèle de l'émouvante profession diminue. On n'entend plus alors la douce voix qui conseille au religieux de courir au-devant des pénitences, des mortifications, des austérités ; au contraire, on se persuade bientôt que tout cela, que la règle même qu'on a embrassée est au-dessus des forces humaines. On avait d'abord soif de pénitences et maintenant on réclame des mitigations, un régime moins intolérable ! Les réformés qui sentaient leur courage faiblir étaient sûrs de trouver un cordial accueil, une bonne table, la chair des quadrupèdes chez les anciens, qui se permettaient parfois de manifester leurs louables dispositions aux observantins. C'était un terrible danger, une perpétuelle tentation pour les religieux de l'exacte observance, mais l'autorité se hâta d'y mettre bon ordre. Le 22 septembre, 1728, un arrêt déclara que pour un réformé qui voulait entrer chez les anciens, il ne lui suffisait plus de fermer une porte et d'en ouvrir une autre, il devait solliciter des permissions et faire plusieurs démarches clairement indiquées. Un moine de l'étroite observance qui désirait passer le reste de ses jours sur la terre en obéissant à la règle des anciens, devait en demander la permission par écrit à son Supérieur général. Si celui-ci ne voulait rien entendre, rien accorder, le réformé avait le droit de s'adresser à la diète annuelle. Si cette assemblée refusait d'écouter sa requête, il avait droit de recourir au prochain Chapitre.

Ces multiples formalités, qui pouvaient parfois se prolonger pendant trois ou quatre ans et lasser la plus solide endurance, furent confirmées, le 26 septembre 1728, par le Chapitre triennal. Jusqu'à ce moment, l'Abbé général de Cluny prétendait avoir le droit de permettre à un religieux de passer d'une observance à l'autre. Dom Nicolas Bonnet avait fait profession chez les réformés, le 19 juin 1716. Peu après, on l'envoya au collège de Cluny pour faire ses études et tout porte à croire qu'il ne se livra pas au travail avec passion, comme on le verra plus loin. Cependant les boursiers le choisirent pour leur procureur, charge qu'il exerça pendant trois ans. Depuis assez longtemps il se trouvait mal à l'aise au milieu de ses frères de l'étroite observance, il songeait à renoncer à leur Société, il espérait qu'on ferait droit à sa demande, car il se disait fort tourmenté par des vapeurs *diurnes* et *nocturnes!* Hélas ! il n'avait pas suivi les événements, il n'avait pas idée de la nouvelle législation qu'on venait d'établir, il croyait toujours que la paternelle bienveillance de l'Abbé lui faciliterait son exode ! Déçu, désireux d'agir avec promptitude, il négligea les deux premières démarches et s'adressa tout d'abord au Chapitre de 1728. Les définiteurs le prièrent, avant tout, de rendre compte de la gestion qu'il avait exercée au collège, après quoi, il pourrait demander au Supérieur général de l'observance la faveur d'entrer chez les anciens. Comme cet infortuné valétudinaire avait besoin d'un air pur pour le remettre de sa grave indisposition, le Chapitre lui donna comme obédience d'aller habiter le monastère de Souvigny (1). Pendant le séjour qu'il fit dans ce prieuré, il écrivit au Supérieur général des réformés

(1) Allier, chef-lieu de canton, arrondissement de Moulins.

plusieurs lettres qui laissèrent penser que ce religieux était revenu à de meilleurs sentiments et ne pensait plus à son funeste projet d'embrasser un régime de mitigations. Il n'en était rien. On apprit bientôt en effet qu'il s'était fait pourvoir de la chanterie de Bonny (1), malgré les promesses qu'il avait faites, le jour de sa profession, de n'accepter aucun bénéfice, sans la permission de ses supérieurs, et bien qu'il eût été défendu, le 15 octobre 1727, aux religieux d'une observance de posséder des offices claustraux dans une maison de l'autre observance. Dom Jean Bouhier de Beaumanoir avait résigné cette charge en sa faveur. Dom Bonnet, en écrivant à Rome, avait négligé de signaler sa qualité de réformé et s'était contenté de mentionner qu'il était religieux de Cluny et que le prieuré de Bonny appartenait au même ordre. Le 24 août 1730, il réussit à obtenir de la cour pontificale un bref qui le transférait dans l'ancienne observance, à cause de ses vapeurs qui ne lui laissaient plus aucun repos. Cette grâce lui fut accordée sans qu'il eût fourni le consentement de ses supérieurs et fait une année de noviciat chez les anciens. Le 11 août 1731, Dom Bonnet s'évada de Souvigny et se retira à Auxerre. Le 5 octobre 1731, il somma Dom Jean Fricaud, alors Supérieur général des reformés, de consentir à sa translation dans l'ordre de l'ancienne observance, mais ce dernier refusa formellement. Dom Bonnet l'assigna, le 8 octobre, devant l'officialité d'Auxerre qui, en dépit des Chapitres généraux, donna raison à ce faussaire, le transféra dans l'ancienne observance et condamna aux frais du procès les Supérieurs de la réforme, 17 mai 1732. Les observantins ne se laissèrent point

(1) Canton de Briare, arrondissement de Gien (Loiret).

déconcerter par les fallacieuses intrigues de leur subordonné ; ils l'assignèrent, le 2 août suivant, devant l'officialité métropolitaine de Sens. Celle-ci fit justice des mensonges qui avaient surpris la bonne foi d'un premier tribunal ecclésiastique et, le 29 avril 1733, elle ordonna à Dom Bonnet de reprendre l'habit de la réforme qu'il avait quitté et lui signifia qu'il se retirerait dans une maison régulière que lui indiquerait l'archevêque de Paris. Ce prélat lui assigna, d'accord avec les Supérieurs généraux de l'ordre, le collège de la Mercy, comme résidence. Le 19 août 1733, un second arrêt annula la sentence d'Auxerre et enjoignit à Dom Bonnet de se présenter devant son Supérieur général. Si ce dernier lui refusait la permission de passer chez les anciens, il aurait à s'adresser à la diète. Si cette assemblée ne lui faisait pas meilleur accueil, il devait recourir au prochain Chapitre. En attendant, il continuera de porter l'habit de la réforme et demeurera en la maison de Saint-Paul de Sens ou au collège de la Mercy que l'Archevêque de Paris lui a indiquée.

La diète se tint à Saint-Martin-des-Champs, quelques jours après. Dom Bonnet s'y présenta accompagné de deux notaires et sollicita la grâce d'être transféré dans l'ancienne observance ; l'assemblée refusa d'acquiescer à sa demande. Les Supérieurs majeurs ayant appris que Dom Bonnet continuait son *quinquennium* au collège de la Mercy et se disposait à prendre ses grades universitaires, ils firent signifier, les 14 et 26 août, tant au Recteur et Syndic de l'Université qu'au Doyen de la Faculté de théologie qu'ils s'y opposaient.

Dom Bonnet ne perdit pas tout espoir d'atteindre le but qu'il visait. Le Chapitre général se tint dans l'abbaye de Cluny, le 1er mai 1735. Dans ces réunions, les deux observances choisissaient des définiteurs, qui étaient au nombre de huit pour les anciens, et au nombre de sept pour les réformés. Quand on délibérait sur une affaire commune, ces quinze religieux se réunissaient, mais si une question concernait exclusivement une observance, elle était uniquement soumise à ses définiteurs. On désignait, sous le nom de définitoire commun, la réunion de tous les définiteurs. C'est devant ce tribunal suprême que Dom Bonnet voulait se présenter et il était certain d'obtenir gain de cause puisqu'il avait pour lui les anciens qui formaient la majorité. Les réformés n'entendirent pas l'affaire de la sorte et se la réservèrent, comme ressortissant de leur domaine. Ils firent à nouveau défendre à Dom Bonnet de poursuivre ses études, de prendre des grades, soutenir des thèses, d'accepter un bénéfice sans la permission écrite de ses Supérieurs et ces inhibitions furent approuvées par un arrêt du 19 décembre suivant. Au mois de septembre, 1736, la diète annuelle de l'étroite observance se réunit à Saint-Martin-des-Champs ; Dom Bonnet lui adressa une nouvelle requête, qui n'eut pas plus de succès que les autres ; on le renvoya au prochain Chapitre général. Il faut avouer que ce malheureux postulant tournait depuis longtemps dans un cercle vicieux : quand il avait épuisé la série des sollicitations légalement imposées, il était aussi avancé que s'il n'avait tenté aucune démarche. Dans cette conjoncture, Dom Bonnet eut une idée géniale : le Supérieur général des réformés, Dom Sébastien Vincent, était un vieillard débonnaire, notre étudiant alla se jeter à ses genoux, et lui exposa son infortune et obtint la permission d'entrer chez les anciens, 17 janvier 1737. L'officialité de Sens fulmina l'acte de translation, un mois plus tard, 22 février 1737. Les réformés ne connurent cet événement que longtemps après lorsqu'ils virent Dom Bonnet revêtu de l'habit de l'ancienne observance. Cet infortuné religieux n'avait pas encore vidé la coupe de ses déboires. En juillet 1746, nous voyons Nicolas Bonnet solliciter le prieuré d'Ambierle (1) et il a pour rival Dom Martine, de l'étroite observance, qui lui cède ses droits moyennant une pension de deux mille livres, somme qui n'égalait pas le tiers des revenus de ce bénéfice ! Dom Bonnet résigne son prieuré ou le permute avec un religieux de l'ancienne observance, mais survient un confrère de ce dernier, Dom Forissier, qui le supplante comme dévolutaire, car le titre du malheureux Bonnet était vicieux, il avait été indûment transféré dans l'ancienne observance. Il lui fallut sans doute réintégrer l'étroite observance d'où il ne sortit définitivement qu'après avoir été pourvu par le Roi de l'abbaye de Moreuil ? (2).

A la date du 29 avril 1757, on trouve la mention d'un deuil que l'ordre de Cluny a ressenti cruellement : il avait perdu son Abbé général, le cardinal Frédéric-Jérôme de la Rochefoucauld, grand aumônier de France et chargé de la feuille des bénéfices. Tous les religieux Clunistes qui habitaient les maisons de Paris assistèrent à ses funérailles célébrées dans l'église de Saint-Sulpice. On demanda, pour lui succéder, M. de la Rochefoucauld, archevêque d'Alby (3).

Un autre détail mérite d'être signalé et montre que ce collège de Cluny était soumis à des visites régu-

(1) Canton de Saint-Haon-le-Chatel, arrondissement de Roanne (Loire).

(2) Chef-lieu canton (Somme). Arch nat., H³ 3617 p. 28, LL 1350.

(3) Arch. nat., LL 1350.

lières. Le 12 octobre 1728, Dom Guyot, Prieur Claustral du Pont-Saint-Esprit (1) demande à être payé des frais qu'il a faits, lors de la visite canonique du collège de Paris, pour laquelle il avait été nommé et commis par le Chapitre général de 1711, avec Dom Marin, grand Prieur, le Prieur de Longueville (2) et Dom Le Cœur, Prieur claustral d'Elincourt (3). Cette visite n'avait pas eu lieu, grâce à des difficultés qui étaient survenues. Cependant on avait fait des frais pour se transporter dans la capitale, frais dont ses adjoints avaient été payés. Il réclame comme indemnité soixante livres qui lui sont accordées (4).

Plus tard, le Chapitre de 1755 fixa les droits de visites à soixante livres pour les maisons conventuelles, et à vingt livres, pour les prieurés simples (5).

(1) Pont Saint-Esprit (Gard).

(2) Chef-lieu de canton (Seine-Inférieure).

(3) Arrondissement Compiègne (Oise).

(4) Chapitre, 26 septembre, 18 octobre 1728, Bibl. nat.

(5) Bibliothèque nat., chapitre de 1755, imprimé $\frac{Ld^{16}}{151}$. Arch. nat., LL 1350.

CHAPITRE X

BATIMENTS DU COLLÈGE

Les bâtiments du collège de Cluny formaient une sorte de quadrilatère irrégulier, limité par la ruelle des Jacobins, les rues de la Harpe, et des Poirées, la place de la Sorbonne et la rue de Cluny. Les constructions du XIIIe siècle, réparées par l'abbé Jacques d'Amboise et agrandies au cours du XVIIe siècle, s'élevaient à l'ouest et à l'est. La chapelle occupait le milieu ; elle était bornée, au nord, par la place de la Sorbonne, et, au midi, par un très beau cloître, qui s'étendait jusqu'à la ruelle des Jacobins et divisait le collège en deux parties à peu près égales.

Cette chapelle, dont on attribuait la construction à l'architecte de Saint-Louis, Eudes de Montreuil, était régulièrement orientée ; elle comprenait une grande nef rectangulaire terminée par une abside circulaire. Le sanctuaire occupait le chevet ; les trois premières travées, fermées par une grille, servaient de chœur aux religieux du collège, les trois autres formaient la nef dans laquelle se trouvaient deux petits autels adossés à la clôture. Ces autels et la grille de séparation furent supprimés dans la seconde moitié du XVIIe siècle. La grande porte de la chapelle, ouvrant sur la place de la Sorbonne, se trouvait au bout de la nef, dans la dernière travée, du côté droit à une porte intérieure, pratiquée dans le mur du fond, donnait accès dans la salle du Chapitre, qui communiquait directement avec le cloître (1). Aux bâtiments du collège, sur les rues neuves Richelieu, de la Harpe et de Cluny étaient adossées quelques petites maisons et échoppes que les boursiers donnaient en location.

Sous la Révolution, le collège de Cluny, devenu propriété nationale, fut d'abord transformé en caserne, 11 septembre 1789 (2). Vendu ensuite par lots, il ne tarda pas à subir de notables transformations. La chapelle qui avait été aliénée, 10 septembre 1797, resta seule à peu près intacte ; de 1806 à 1815, elle servit d'atelier au peintre Louis David et fut ensuite utilisée comme magasin à papier. On la démolit, ainsi que le cloître, en 1833. Les quelques vestiges de cet édifice et de la salle du Chapitre, qui avaient été épargnés à cette époque, disparurent, en 1866, lors du percement du boulevard Saint-Michel.

Que sont devenues les archives du collège de Cluny ? Le 26 août 1790, deux commissaires du gouvernement, Jean-Baptiste Avril et Claude-Joseph Lalouette, se rendirent à cet établissement où ils furent reçus par deux religieux : Doms Restouble et Vacheron, qui leur remirent :

(1) Suivant Guilhermy (*Itinéraire archéologique*, p. 335), cette charmante église du collège ne le cédait guère à la sainte chapelle du Palais. Elle était toute travaillée à jour ; c'était même finesse de sculpture, même légèreté de voûte, même élégance de proportions.

Les stalles, renouvelées probablement au XVe siècle, avaient leurs miséricordes, leurs accoudoirs et leurs panneaux sculptés de sujets, les uns graves, les autres burlesques. Des dalles sur lesquelles se dessinaient en creux des figures d'abbés, de prieurs et de docteurs en théologies composaient le pavé.

Le même auteur compare le collège de Cluny aux plus beaux collèges d'Oxford ou de Cambridge (*Itinéraire archéologique*), p. 335.

(2) BN Ms. fr., nouv. acq., 2696, f. 102.

1° Une liasse contenant des bulles, brevets, arrêts, chartres et autres actes de propriétés.

2° Un grand registre de recettes et dépenses jusqu'au 14 mai 1789.

3° Un autre petit registre relié en parchemin, intitulé Livre des emprunts faits pour la construction des bâtiments.

4° Un registre des recettes du collège de Cluny pour la sacristie de 1725 à 1773. Où se trouvent ces documents ? Comptent-ils parmi ceux que possède la bibliothèque de la Sorbonne que nous n'avons pu consulter à cause de la gravité des événements actuels ? (1)

(1) Arch. nat., M 715.

CHAPITRE XI

BIENS ET REVENUS DU COLLÈGE DE CLUNY

Ces biens comprennent en 1757 :

1. Une maison, située rue de Cluny, affermée	500 liv.
2. Une maison, située rue de Cluny, avec une boutique et entresol, sur la place de la Sorbonne, affermée . .	758 l.
3. Une maison, située sur la place de la Sorbonne, affermée	600 l.
4. Une petite cour, située derrière les maisons de la rue Neuve Richelieu, affermée	20 l.
5. Une rente de 39 livres 9 sols sur les tailles de la généralité de Paris.	39 l. 9 s.
6. Une grande maison, située rue de la Harpe, affermée.	3.000 l.
7. Trois minots de franc salé sur le doyenné de Gassicourt, valant . . .	115 l.
8. Une rente de 300 livres payées par les Oratoriens de La Rochelle, à cause du prieuré de l'Ile d'Aix qui leur a été attribué	300 l.
9. Les bourses payées par divers prieurés et se montant à.	1.100 l.

10. Redevance annuelle du prieuré de Grand-Champ montant à. . . . 800 l

11. Une somme de 200 livres perçue annuellement sur le prieuré de Saint-Martin-des-Champs . . . . 200 liv.

12. Une rente de 2600 livres perçue annuellement sur les RR. PP. de l'Oratoire, rue Saint-Honoré, sur les prieurés de Saint-Arnoul, de Crespy, de Longpont, de Coincy, de Saint-Leu, de Sainte-Marguerite, d'Elincourt, de Notre-Dame de Montdidier, Saint-Pierre d'Abbeville, et autres qui dépendaient du collège de Cluny. . . 2.600 l.

13. Des biens situés à Châtenay (1), se composant d'une grande maison, comprenant une cuisine, deux salles, deux chambres et greniers, avec écuries, étables à vaches, diverses pièces de terre, affermés . . . . 400 l.

14. Une partie des lieux claustraux, c'est-à-dire, une partie du réfectoire, du côté du cloître, deux grandes chambres et une petite ayant vue sur la cour du côté de la rue de la Harpe, affermés en 1778 . . . . 450 l.

15. Bail des chaises garnissant l'église des religieux donné en 1777, pour la somme de . . . . 600 l

Revenus du prieuré de Gournay. . 1.200 l.

Le revenu total était de . . . . 13,675 l

(1) Chatenay-en-France, arrondissement de Pontoise (Seine-et-Oise).

CHARGES

1. Rente annuelle due à l'abbé de Cluny.	300 liv.
2. Somme de 6 livres, 5 sols dus pour droit de censive à l'abbaye de Sainte-Geneviève	6 l. 5. s.
3. Redevance annuelle de 12 livres payée à la procure générale de l'ordre de Cluny	12 l.
4. Entretien, vestiaire et nourriture du Prieur.	700 l.
Pension du procureur	300 l.
5. Gages du portier	106 l.
6. Somme de 150 l. due au Curé de Gassicourt	150 l.
Les biens du doyenné de Gassicourt avaient été aliénés pour la somme de 77.400 livres ; le collège devait 64.049 livres. Toutes ces dettes payées, il restait à la communauté	13.351 l
Cette même communauté dépensa, pour construire un immeuble sur l'emplacement des 3 maisons qu'elle avait dans la rue de la Harpe . . .	56.240 l
Après avoir absorbé ce qui lui restait : 13.351 livres, elle dut emprunter une somme de 42.889 livres ; somme qui devait exiger un intérêt d'environ.	2.200 l.
Les charges générales .pouvaient s'élever à	3.786 liv.
Le revenu net était d'environ . .	9.889 l.

Les documents que nous avons con-

sultés avouent : un revenu général de 13.675 l.
Total des charges s'élevant à . . 3.786 l.
Ce revenu est ainsi fixé en 1757 (1).
Ces renseignements ne concordent pas avec d'autres qui accusent, sans le détailler, un revenu de . . . . . 15.311 l.
avec un total de charges s'élevant à . 3.017 l.
Le revenu net était donc . . . . 12.294 l.
Ce revenu est ainsi fixé en 1788. .
Le prieur administrateur percevait une pension provisoire de . . . . 1.400 l.

Les biens et revenus du collège de Cluny appartenaient à l'ancienne observance. Ils furent mis en régie à partir de 1788, l'ancienne observance fut supprimée et une pension fut accordée à chaque religieux. Comme l'étroite observance ne percevait rien, elle réclama une partie de ces biens pour l'entretien de ses élèves. Quel fut le résultat de cette démarche ? On ne le dit pas (2).

En 1768, le revenu du collège était de 13.200 liv.

Il y avait huit religieux anciens et huit réformés (3).

En 1788, on comptait au collège de Cluny, quinze religieux de l'ancienne observance et six religieux de l'étroite observance (4).

Après la séparation des boursiers en deux communautés, le nombre des étudiants paraît avoir été très variable.

(1) Arch. nat., S 6415 H³ 2617.
(2) — G⁹-26.
(3) Bibl. nat., Ms. fr. 13857.
(4) Arch. nat. G⁹ 26.

PRIEURS DU COLLÈGE DE CLUNY ET SUPÉRIEURS

1375	D. Bego de Murato.	LL, 1337	Arch. nat.
1420	D. Jean Ruffy.	id.	»
1423	D. Jean de Vinzelles.	LL, 1350	»
1427	D. Guichard de Saint-Romain.	LL, 868	»
1501	D. Guillaume Josse.	ibid.	»
1503	D. Jean du Val.	LL, 1337	»
1540	D. Denis Maréchal.	ibid.	»
1579	D. Noel Baudinot.	V. Raunié	»
1600	D. Bénard.	LL, 1350	»
1620-1624	D. Jacques Legrand.	ibid.	»
1624-1641	D. Lempérière.	LL, 1350	»
1641-1642	D. Albert Marchand.	ibid.	»
1642	D. Lempérière.	LL, 1350	»
1649	D. Pierre Lucas.	LL, 1350	»
1652	D. Pierre du Laurens.	ibid.	»
1682	D. Dufresne.		»
1682	D. Lempereur.	L, 873	»
1683	D. Nazard.		»
1684	D. Moreau.		»

ANCIENNE ET ÉTROITE OBSERVANCE

Archives nationales, L 868.

1732. D. Toussaint Chatelus, supérieur des boursiers de l'étroite observance.
1735. D. Jean-Claude René, de l'étroite observance.
1742. D. Nicolas Prisque de Besanzeuil, prieur et administrateur du collège supérieur de l'ancienne observ.
1742. D. François Rollet, supérieur des boursiers de l'étroite observance.
1750. D. Louis-Philibert Martine, sup. des bours. de l'ét. obs.
D. Nicolas de Prisque de Bezanzeuil, prieur de l'ancienne observance.
1753 D. Louis Hersan, supérieur des bours. de l'étroite observ.
1756. D. Charles Bouché, id.
1759 D. Claude Pompanon, id.
1765. D. Jérôme Chatelus, id.

Biblioth. nationale, Ms. lat., nouvel 1501.

1768. D. CLAUDE TAUPIN, supérieur des bours. de l'étroite observ.
1771. D. CLAUDE PICARD, id.
1784. D. GUILLAUME GOUROUSSEAU, id.
1787. D. NICOLAS D'AVRANGE, id.

Archives nationales, G⁹ 26.

1788. D. ADMIRAL, prieur administrateur de l'ancienne observ.

BOURSIERS DE L'ÉTROITE OBSERVANCE

Diète du 8 août 1698, tenue à Saint-Martin-des-Champs.

Cette assemblée désigne pour remplacer les élèves qui sont au collège et finiront bientôt leur *quinquennium*.

D. PHILIBERT BARRAUT.
D. JEAN PAGNON.
D. FRANÇOIS BELLEMAJOUR.
F. JEAN DE KASSEL.
F. GÉRARD PONCET.
F. JEAN FRICAUD (1).

CHAPITRE DE 1725.

BOURSIERS DE L'ÉTROITE OBSERVANCE.

D. CLAUDE-FRANÇOIS HUGUENET.
D. FRANÇOIS ROLLET.
D. NICOLAS BONNET.
D. JEAN-CLAUDE RENÉ.
D. NICOLAS DE BESANCEUIL.
D. PIERRE GODEFROY.
F. CLAUDE BALME.
F. JEAN-BAPTISTE DUFAUX.
F. PHILIBERT HUCHART (2).

CHAPITRE DE 1732.

BOURSIERS QUI Y SONT DÉSIGNÉS.

D. JEAN LARMAGNAT.
D. SIMON MANCUER?
D. FRANÇOIS-AUGUSTIN CHOCAR.
D. FRANÇOIS CHESNEAU.
D. CHARLES TAUPIN.
F. LAURENT ROUHER (?).
F. JOSEPH GRIGNON
F. JEAN CHAMOUX.
F. JOSEPH MATHIEU.
F. CLAUDE VINCENT.
F. PIERRE ROLLAND.
F. ANTOINE CAZON (3).

(1) Bibl. de l'Arsenal, Ms. 2258.
(2) Bibl. nat. Ld¹⁶ 54.
(3) Bibl. nat., Ms. lat., nouv. acq., 1501 ; Arch. nat., L 868.

Chapitre de 1735.

D. François Chenot.
D. Charles Taupin.
D. Joseph Grignon.
D. Jean-François Chamoux.
D. Joseph Mathieu.
D. Claude Vincent.
D. Jérome Chatelus.
D. Jean-Claude Nicaut.
D. Etienne Moine.
D. Jean-Joseph Faucheux (1).

Boursiers de l'étroite observance.

20 janvier 1739 (2).

D. Pierre-Louis Fricaud, prieur
D. Jean Bouché, procureur.
D. Louis Hersant, prêtre.
D. Laurent Boucher, prêtre.
D. Pierre-Joseph Massicot, clerc.
D. Jean-Gilbert Bourdier, clerc.
D. Pierre de la Goutte, clerc.

Chapitre de 1742. — Boursiers de 1739.

D. Alexandre Goyet.
D. Jean-Baptiste Courtin.
D. Claude Pompanon.
D. François Potignon.
D. François de Chateau Vert.
F. Michel Buys.
F. Aimé Lacuisine.
F. Louis Péru.
F. Claude Noblet.
F. Hyacinthe Fabry.
F. François Bouthier.
F. Nicolas La Rone.
F. Louis Bailly.
F. Claude Bergeon.
F. Thomas Blandin (3).

Ancienne observance.

9 décembre 1746.

D. Nicolas-Marie de Prisque de Besanceuil, prieur et administrateur du collège de Cluny.
D. Pierre Buynand, procureur.
D. Charles Maurice de Moysia de Volloignia, bachelier en théologie.
D. Charles Pons Vital Izailly (?)
D. Jean le Breton.
D. Jacques Juteau.
D. Baptiste de Nisple.
D. Claude Roussel, tous boursiers du collège.

(1) Bibl. Ms. lat., nouv. acq. 1501.
(2) Archives nationales, S 6415.
(3) Bibl. nat , Ms. lat., nouv. acq. 1501.

Etroite observance.

1746.

D. Phibert Martine, supérieur de Chateauvert.
D. Claude Pompanon, procureur.
D. François Potignon.
D. François-Marie Grégoire
D. Michel Bruys.
D. Aimé de la Cuisine.
D. Charles Millet, tous boursiers du collège (1).

Chapitre de 1750.

D. Ch. Etienne Animé.
D. Gabriel Molard.
D. Nicolas Grand.
D. J. Texier.
D. F. Boulai.
D. Claude-Fr. Salles.
D. Jacques Pons.
F. Claude-Martial Reigner.
F. Guillaume Gourousseau.
F. Fr. Lacroix.
F. J.-B. Varillac.
D. Denis Gone.
D. Jh. Cuinot (2).

Chapitre de 1753.

D J. Repis.
D. J.-B. Bergeon.
D. Claude Picard.
D. J.-Fr. Hanriot.
F. Nicolas-F. Mercier.
F. Philibert Guyon.
D. Antoine Jacquot.
F. Jean-B. Barry.
F. J.-Laurent Avinec.
F. George-Antoine Berchoux
F. J.-Pomeret.
F. J.-B. Corial.
D. J.-Marie Favier.
F. Pierre-Guillaume Chirouse (3).

Chapitre de 1756.

D. J.-F. Lacroix.
D. J.-B. Vaullat.
D. J.-B. Bergeon.
D. Claude Picard.
D. F.-Jean Henriot.
D. Nicolas-F. Mercier.
D. Antoine Jacquot.
D. J.-B. Barry.
F. Pierre-Guillaume Chirouse.
F. Pierre Martin.
F. Hubert Nible.
F. J.-Bonaventure Petit Jean
F. Jacques-Marie Rolland.
F. Pierre Rolland.
F. Gabriel Potier.

(1) Archives nat., S 6415.

(2) Arch. nat., L 863.

(3) Arch. nat., L 863.

D. L.-J.-Laurent Avinec.
F. Georges-Antoine Berchoux.
F. J.-B. Pomelet.
F. Jean-Marie Corial.
F. Etienne Pagès.
F. Gabriel Mercier.
F. Dominique-Ignace Martin.
F. Dominique Reboult (1).

Chapitre de 1759 (2).

6 mai.

D. Philibert Guyon.
D. François-Philippe Taboureau des Réaux.
D. Pierre-François-Xavier, Besançon.
D. André Marmet.
D. J.-Bap. de la Cuisine.
D. Pierre-François Michel.
D. Pierre Talmeuf.
D. Claude Guyenot.
D. Joseph Cléssac.
D. Marie-Philippe, Ordinaire.
D. Jean-Claude Roi.
D. Antoine Mefre.
F. Louis-François Depigny ou de Piney.
F. François Louis.
F. Philibert Golion.
F. Pierre-Joseph-Romain Molard.
F. Pierre Arnaud Vacheron.
F. Jean-Antoine Giraud, Obrier?

Chapitre de 1762 (3).

Les définiteurs ont approuvé pour le collège de Cluny, en plus des élèves qui s'y trouvent déjà, les écoliers dont les noms suivent :

D. J.-Baptiste Ogra.
D. P. François Michel.
D. J. Nicolas Pierre.
D. Jacques Crétin.

Chapitre de 1765.

28 avril (4).

D. Fr. Joseph Cavaron.
D. Claude Fr. Bouvier.
D. Louis S. Sève.
D. Antoine Joseph Tourneu.
D. J. André Blanc.
D. Georges Hotier.
D. Guillaume Bertrand.
D. Henri Perret.
D. Jean-Baptiste Rollet.
D. Louis-Jacques Saciaran.
D. Charles L. Lefèvre.

(1) Arch. nat., L 868.
(2) — L 868.
(3) Ibidem., L 868.
(4) Bibl. nat., Ms. lat., nouv. ac., n. 1501.

CHAPITRE DE 1768.

24 avril (1).

D. NICOLAS PIERRE.
D. CLAUDE VIMOT, professeur.
D. JEAN-ANDRÉ BLANC.
D. AGATHANGE JEUNET.
D. BARTHÉLÉMY DURIF, professeur.
D. MARC PISTRE.
D. JEAN-BAPTISTE BRANGES.
D. CLAUDE DARU.
D. JEAN-ETIENNE LHOMME, professeur.
D. PIERRE-AUGUSTIN JUNOT.

Les professeurs sont cités avec les boursiers et aussi séparément.

PROFESSEURS.

D. CLAUDE VIMAT.
D. JEAN-ÉTIENNE LHOMME.
D. PIERRE-AUGUSTIN JUNOT.

ANCIENNE OBSERVANCE

11 juillet 1771 (2).

D. GABRIEL-JOSEPH-PHILIPPE GRUMET, docteur en théologie, prieur administrateur du collège.
D. HENRY MOYNAT, prêtre boursier, procureur.
D. JOSEPH-LOUIS-JACQUES-XAVIER-GERMAIN MEYNIER DE LA SALLE, prêtre, bachelier en licence, boursier.
D. FRANÇOIS-JOSEPH HÉRAIL MASCLARET, sous-diacre, maître ès-arts de la Faculté de Paris, boursier.
D. PIERRE-JOSEPH-SIXTE MARCY, acolyte, boursier.
D. FRANÇOIS-RÉGIS BLACHIÈRE, clerc tonsuré, boursier, tous demeurant au Collège.

ÉTROITE OBSERVANCE

D. CLAUDE PICARD, supérieur.
D. GUILLAUME-FRANÇOIS GOUROUSSEAU, boursier.
D. IGNACE VIMAL, boursier.

(1) Bibl. nat., Ms. lat., nouv. ac., n. 1801.
(2) Arch. nat., S. 6415.

D. CHARLES-LOUIS LEFÈVRE, boursier.
D. HENRY PERRET, boursier, tous demeurant au Collège.

Depuis 1771, on ne trouve plus la liste des boursiers de l'étroite observance. En 1788, on nous dit qu'il y a au collège de Cluny 15 religieux de l'ancienne observance et six religieux de l'étroite observance (1).

RELIGIEUX DE SAINT-MARTIN-DES-CHAMPS

DOCTEURS EN THÉOLOGIE DE LA FACULTÉ DE PARIS (2).

D. JEAN DU PIN, docteur en théologie.	1350
D. PIERRE DE MOURCOURT, prieur de N.-D. de Gournay.	1396
D. PIERRE MÉGISSIER, prieur de N.-D. de Gournay, docteur en théologie.	1415
D. CLÉREMBAULT CHALOPIN, docteur en théologie.	1438
D. HUGUES PORETTE, — —	1477
D. JEAN DU CASTEL, docteur en droit canon.	1477
D. HUGUES COSSEVAL, docteur en théologie, prieur de Saint-Jean de Mauregard.	1490
D. MICHEL MARC, docteur en théologie.	1501
D. GUILLAUME JOSSE, doct. en théol, prieur d'Acy.	1501
D. NICOLAS MISSOULIER, docteur en théologie.	1501
D. JEAN DU VAL, — —	1503
D. JÉRÔME DE LORME, — —	1503
D. ANDRÉ BENOIT, — —	1503
D. ADRIEN HOTMAN, — —	1503
D. NICOLAS D'OLÉRY, — —	1505
D. SIMON LE GAY, — —	1505

(1) Arch. nat., G⁹26.

Nous avons découvert seulement quelques listes des écoliers de l'ancienne observance. Un document de 1768 nous dit que le collège donne asile à 8 religieux anciens et à 8 religieux réformés (*).

(2) Ces religieux ont dû être formés en grande partie au collège de Cluny.

Arch. nat., LL 1337, p. 185.

(*) Bibl. nat., Ms. f. 13857.

D. SIMON DE VILLENEUVE,	docteur en théologie.		1507	
D. CHRISTOPHE COQUILLE,	—	—	1507	
D. JEAN RAULIN,	—	—	1514	
D. PHILIPPE SORT,	—	—	1514	Raunié.
D. JEAN COTIGNON,	—	—	1525	
D. JEAN PRUDHOMME,	—	—	1526	
D. MICHEL MARC,	—	—	1520	Raunié.
D. CHRISTOPHE BOUCHER,	—	—	1530	id.
D. ANDRÉ BENOIT,	—	—	1532	id.
D. FLORENT LEGENDRE,	—	—	1564	
D. JEAN DE LA PLACE,	—	—	1570	
D. NOEL BAUDINOT,	—	—	1579	
D. PIERRE BOUCHER,	—	—	1570	
D. HECTOR POYRET,	—	—	1571	
D. JEAN NEYRON,	—	—	1575	
D. JACQUES AMELOT,	—	—	1576	
D. JEAN MICHEL,	—	—	1635	
D. CLAUDE SANCTENY,	—	—	1635	
D. PIERRE DU LAURENS,	—	—	1649	
D. JÉRÔME DE CHATELUS,	—	—	1705 (1).	
D. BOUCHÉ,	—	—	1739 (2).	
D. MARTINE,	—	—	1747 (3).	
D. GUILLEAUME GOUROUSSEAU	—	—	1787 (4).	

PROFESSEURS (5).

D. CLÉREMBAULT CHALOPIN.	1438	Raunié.
D. SIMON DE VILLENEUVE.	1510	—
D. JEAN RAULIN.	1514	—
D. MARÉCHAL.	1513	—

Désignés comme professeurs, 1768.

D. CLAUDE VIMAL.
D. JEAN-ÉTIENNE LHOMME.
D. AGATHANGE JEUNET (6).

(1) Bibl. nat., Ms. lat., nouv. acq. 1501.
(2) Archives nationales H³ 3625 ,
(3) Archiv. nat. G⁹ 25.
(4) Id. id. G⁹ 25.
(5) Raunié, *Histoire générale de Paris, Epitaphier du vieux Paris*, In-4°, t. III, pp. 117-143.
(6) Bibl. nat., Ms. lat., nouv. acqui 1501.

RELIGIEUX
MORTS AU COLLÈGE DE CLUNY (1)

ZACHARIE-GRÉGOIRE DURAND, prof. 1634; décédé clerc, 1634.
CHARLES DESCROCHET, prof. 1617, décédé 1664.
SÉBASTIEN PRIEUR, profes. 1665, décédé 1736.
CLAUDE NOBLET, profes. à 19 ans, 1738, décédé 1750.

(1) Biblioth. de l'Arsenal. Mss. lat. 1158 et 990-991.

TABLE DES MATIÈRES

Vannes. — Imprimerie Lafolye frères, 2, place des Lices.

LIBRAIRIE AUGUSTE PICARD

82, Rue Bonaparte, Paris (VIe)

BELIN (FERD.). *Histoire de l'Ancienne Université de Provence ou Histoire de la « fameuse » Université d'Aix, depuis sa fondation jusqu'en 1793* d'après les manuscrits et documents originaux (1re partie 1409-1679) 1896, 1 volume in-8° . . . . 10 fr. »

2e période, 1re partie de (1679-1730) 1905, 1 volume in-8°. 7 50

PISANI (Chanoine P.) *L'Église de Paris et la Révolution* (1789-1802) avec index général. P., 1909-1912, 4 volumes in-12 broché . . . . 14 »

CLERVAL (l'Abbé). *Les Écoles de Chartres au Moyen-âge* (du Ve au XVIe siècle, 1895) 1 volume in-8° . . . 15 »

FERET (Abbé P.). *La Faculté de théologie de Paris et ses docteurs les plus célèbres au Moyen-âge :* XIIe au XVe siècle, 1894-1897, 4 volumes in-8° . 30 »

Partie moderne, XVIe, XVIIe, XVIIIe siècles, phases historiques, revue littéraire et index général de l'ouvrage complet, 1900-1909, 7 volumes in-8° . . 52 50

Chaque volume séparé 7 50

FOUQUERAY (P. HENRI). S. J. *Histoire de la Compagnie de Jésus en France, des Origines à la suppression* (1528-1762).

I. *Les Origines et les premières luttes* (1528-1575). 1912, 1 volume in-8° . . . . 10 »

II. *La Ligue et le bannissement* (1575-1604), 1913 1 volume in-8° . . . . 12 »

HILARIN DE LUCERNE (P). *Histoire des études dans l'Ordre de Saint-François depuis sa fondation jusqu'à la moitié du XIIIe siècle*, traduction de l'allemand par le P. Eusèbe, de Bar-le Duc, 1908 1 volume in-8° . . . . 10 »

MENTION (LÉON). *Documents relatifs aux rapports du Clergé avec la royauté aux XVIIe et XVIIIe siècles.*

I. 1682-1705 La Régale, l'Affaire des franchises ; l'Édit de 1695, les Maximes des Saints, le Jansénisme en 1705.

II. 1705-1789 (Bulle *Unigenitus* : le Parlement, les Jansénistes et le Clergé, le Clergé et le fisc, la suppression des Jésuites) 1893-1902. 2 volumes in-8° . . 10 50

ROBERT DE SORBON. *De Conscientia et de Tribus Dietis* publiés avec introduction et notes par Félix Chambon 1903, 1 volume in-8° 2 25

Vannes. — Imprimerie LAFOLYE FRÈRES.

www.ingramcontent.com/pod-product-compliance
Ingram Content Group UK Ltd.
Pitfield, Milton Keynes, MK11 3LW, UK
UKHW020340230726
13925UKWH00003B/895

9 782013 484459